Inhalt

Autor: Helmut Moers

Vorwort

Liebe Schülerin, lieber Schüler,

diese Interpretationshilfe zu Bernhard Schlinks Roman *Der Vorleser* ermöglicht Ihnen eine gezielte Vorbereitung auf die Unterrichtslektüre und auf Klausuren. Der erste Abschnitt liefert eine kurze **Einführung zum Autor** und seinem bislang veröffentlichten Gesamtwerk. Zwei **Inhaltsangaben** helfen beim schnellen Zurechtfinden im Roman (Inhaltsangabe im Überblick) und beim Auffrischen der Handlungszusammenhänge (Inhaltsangabe im Zusammenhang).

Im Hauptteil des Buches werden zentrale Aspekte des Romans untersucht und interpretiert. Das Kapitel **Textanalyse und Interpretation** unternimmt eine Charakterisierung der Hauptfiguren und untersucht die für die Bedeutung des Romans sehr aufschlussreiche Darstellung der NS-Thematik und die Darstellung der Natur und Umgebung. Es erklärt die Erzähltechnik des Romans und analysiert seine eindrucksvolle sprachliche Gestaltung. Mit der Interpretation ausgewählter Stellen wird exemplarisch gezeigt, wie man bei der Analyse und Deutung von Textstellen vorgehen kann. Abschließend erhalten Sie Informationen zur **Rezeptionsgeschichte** und **Literaturhinweise,** die zur weiteren Beschäftigung mit dem Roman anregen.

Helmut Moers

Einführung

Bei Bernhard Schlinks Roman *Der Vorleser* handelt es sich um eines der erfolgreichsten Werke der deutschen Literatur in den letzten Jahren. Mit wenigen Ausnahmen ist der Roman auch von den Rezensenten sehr positiv bewertet worden. Viele Leser waren geradezu begeistert, haben den Roman weiterempfohlen und vielfach Freunden und Bekannten geschenkt. Seit dem Erscheinen der Taschenbuchausgabe im Jahre 1997 ist der Roman in vielen gymnasialen Oberstufen als Beispiel für Gegenwartsliteratur und gelungenes zeitgenössisches Erzählen behandelt worden. Auch die Schülerinnen und Schüler haben ihn fast ausnahmslos gelobt. Das Buch wird als gut lesbar, spannend geschrieben und thematisch interessant bezeichnet.

Als Themen sind vor allem zu nennen: Liebe, Sexualität, Missbrauch, Schuld, NS-Verbrechen und Verstrickung in die Folgen, Schuld, Versagen, Verantwortung und der Versuch, die Konflikte aufzuarbeiten, hier durch Aufschreiben der Erlebnisse. Aber auch die dargestellten Ambivalenzen des Daseins, die Komplexität der Wirklichkeit und die Vielschichtigkeit des Lebens sprechen die Leser an.

Schülerinnen und Schüler treffen zu Beginn des Romans auf einen etwa gleichaltrigen Protagonisten. Hier liegt ein Identifikationsangebot vor, das zur Selbstaufklärung beitragen und zu Fragen führen kann wie: „Wie hätte ich gehandelt? Wie hätte ich mich in den Ereignissen und Konflikten verhalten? Welche ethisch-moralischen Auffassungen vom Leben habe ich? Was ist der Mensch?"

Da der Roman schnell zugänglich ist, gibt es keine Lesewiderstände. Gleichzeitig ist er vielschichtig und komplex genug, so dass er ein hohes Anregungspotenzial besitzt. Psychologisch interessant ist er, weil wir erfahren, warum der Mensch egozentrisch, aggressiv und böse sein kann oder ist.

Die Sprache ist einerseits klar und präzise, andererseits differenziert und sich an die Sache herantastend, damit die Wirklichkeit wahrheitsgetreu formuliert werden kann. Die Erzähltechnik vermittelt Authentizität und intimen Einblick in das Leben und Denken eines Menschen.

Dem Leser werden Fragen gestellt, die er selbst für sich beantworten muss. Dieses Verfahren führt unwillkürlich zur Aktivierung des Lesers. Dieser lernt, genauer hinzublicken, weil er die Vielschichtigkeit, das Beziehungsgefüge und die Komplexität in der Sprache spürt.

Alles in allem: eine ideale Lektüre für die gymnasiale Oberstufe!

Biografische Notiz

Bernhard Schlink wurde am 6. Juli 1944 in Bielefeld geboren. Er hat in Heidelberg und Berlin Rechtswissenschaft studiert. Im Jahr 1975 erhielt er den Dr. jur. und habilitierte sich 1981. Er erfüllte damit alle Voraussetzungen, um Professor der Rechtswissenschaft zu werden. Er ist heute Professor in den Städten Berlin und Bonn und Verfassungsrichter in Nordrhein-Westfalen. Als Autor ist er durch viele juristische Fach- und Lehrbücher bekannt geworden.

Literarisch hat er sich zunächst an Kriminalromanen erfolgreich versucht. Es sind folgende Romane erschienen: *Selbs Justiz* (mit Walter Popp) (1987), *Die gordische Schleife* (1988) und *Selbs Betrug* (1992).

Mit dem *Vorleser* gelang Bernhard Schlink im Jahr 1995 der ganz große Wurf in der Belletristik. Seit der Roman auch als Taschenbuch vorliegt, ist der Erfolg überwältigend. Bernhard Schlink erhielt für den Roman mehrere literarische Auszeichnungen. Der in 26 Sprachen übersetzte *Vorleser* wurde auch im Ausland sehr gut aufgenommen. Vor allem in den USA erklomm er die Bestsellerlisten.

Inhaltsangaben

Es wird zunächst eine Inhaltsangabe in Stichpunkten zu den 46 Kapiteln gegeben und dann eine im Zusammenhang der drei Teile des Romans. Die drei großen Abschnitte des Romans sind mit römischen Zahlen (I–III) gekennzeichnet, die Kapitel mit arabischen Zahlen. Die Seitenangaben beziehen sich auf die Taschenbuchausgabe des Diogenes Verlags (detebe 22953).

1 Inhaltsangabe im Überblick

I,1   Krankheit (Gelbsucht) des 15-jährigen Schülers Michael Berg; Hilfe durch Hanna Schmitz

I,2   Hannas Haus; Träume, Visionen von diesem Haus

I,3   Erster Besuch bei Hanna zum Danksagen; Beschreibung der Wohnung und von Hannas Äußerem

I,4   Beobachtung beim Strümpfe Anziehen; Erregung; Flucht; Reflexionen über Grund der Erregung; Hannas natürliche Sexualität

I,5   Reflexionen über Krankheit; Träume, Phantasien sexueller Art; Reflexionen über Denken und Handeln

I,6   Zweiter Besuch bei Hanna; Beginn des sexuellen Verhältnisses

I,7   Reflexion über Verliebtsein; Vorstellung der Familie: Vater unpersönlich, Professor für Philosophie, Mutter fürsorglich, zwei Schwestern, ein Bruder; Beschluss, nach der Krankheit die Schule wieder zu besuchen; Gefühl des Erwachsenseins

I,8   Regelmäßige Besuche bei Hanna; Auseinandersetzung bezüglich Michaels Einstellung zur schulischen Arbeit; versteckte Hinweise auf Hannas Analphabetismus

2 Inhaltsangabe im Zusammenhang

Erster Teil

Der 15-jährige Ich-Erzähler des Romans, Michael Berg (geb. im Juli 1943), Schüler der Klasse 10 eines – vermutlich – Heidelberger Gymnasiums, ist an Gelbsucht erkrankt. Er übergibt sich im Oktober 1958 in Folge dieser Krankheit auf der Straße und ist sehr geschwächt; eine resolut fürsorgliche Frau hilft ihm und bringt ihn nach Hause.

Als die Krankheit weitgehend auskuriert ist, sucht Michael Berg Ende Februar 1959 die Frau auf, die ihm geholfen hat, und überreicht ihr zum Dank einen Blumenstrauß. Er erfährt ihren Namen: Hanna Schmitz. Sie lebt in einer einfach eingerichteten Wohnung in einem typischen Nachkriegshaus.

Michael Berg wird durch das Aussehen der 21 Jahre älteren Frau sehr erregt. Fluchtartig verlässt er die Wohnung, kehrt aber nach einer Woche wieder zu ihr zurück. Es kommt zum Sexualakt zwischen beiden. Michael fühlt sich dadurch erwachsen. Bald geht er wieder in die Schule und besucht nun täglich seine Geliebte. Hanna ist von peinlicher Sauberkeit, deshalb duschen sie zuerst, dann lieben sie sich. Als Michael einmal andeutet, dass er die Schule schwänze, um bei ihr sein zu können, er bleibe aufgrund der langen Zeit, die er krankheitsbedingt gefehlt habe, sowieso sitzen, ist Hanna sehr aufgebracht. Sie verbietet ihm, Unterricht ausfallen zu lassen und verlangt, dass er viel arbeitet, damit er die Versetzung in die Obersekunda (Klasse 11) schafft. Und erstaunlicherweise gelingt ihm das, ohne dass er die Treffen mit Hanna einschränkt. Auf Wunsch Hannas liest er die im Deutschunterricht behandelten Lektüren *Emilia Galotti* von Lessing und *Kabale und Liebe* von Schiller vor. Hanna interessiert sich für Literatur und kommentiert das Vorgelesene eigenwillig. Der Ablauf der Treffen entwickelt sich zu einem Ritual: „Vorlesen, duschen, lieben und noch ein bisschen beieinander liegen" (S. 43).

Zu dieser ersten Zeit der Bekanntschaft sind viele Hinweise darauf im Text zu finden, dass Hanna nicht lesen kann. Man bemerkt sie allerdings nur, wenn man weiß, dass Hanna Analphabetin ist.

Michael schafft seine Versetzung am Schuljahresende (damals vor den Osterferien) und kann sich in den Ferien seiner Geliebten besonders widmen. Als Hanna – von Beruf Straßenbahnschaffnerin – Frühschicht hat, steigt er in die ansonsten leere Straßenbahn, um Hanna zu treffen. Diese scheint ihn gar nicht wahrzunehmen. Michael macht ihr später Vorwürfe. Es kommt zum ersten Streit, Michael gibt nach und spürt, dass Hanna große Macht über ihn hat und er von ihr abhängig, ihr sogar hörig ist. Ein zweiter großer Streit ereignet sich, als die beiden eine mehrtägige Fahrradtour unternehmen. Hanna hat die gesamte Organisation Michael überlassen. Die Hinweise auf ihren Analphabetismus mehren sich. Eines Morgens im Hotel will Michael ihr eine Rose kaufen und Frühstück holen. Er schreibt auf einen Zettel, dass er schnell wieder da ist, und wird bei seiner Rückkehr von einer wütenden Hanna empfangen, die, da sie den Zettel nicht lesen konnte, in Panik geraten ist. Mit einem Ledergürtel schlägt sie auf ihn ein und verletzt ihn an der Lippe, so dass Michael blutet. Dies Ereignis zeigt Hannas Hilflosigkeit aufgrund ihres Analphabetismus und ihre aus dieser Schwäche resultierende Aggressivität und Grausamkeit. Im weiteren Verlauf der Beziehung wird Michaels Hörigkeit immer deutlicher.

Während der kurzen Abwesenheit der Eltern möchte er Hanna einladen. Um allein mit ihr im Hause sein zu können, muss er nur seine Schwester dazu bringen, bei einer Freundin zu bleiben. Er stiehlt, um die Schwester zu bestechen und für Hanna ein Nachthemd als Geschenk zu haben. Er lädt Hanna zum Essen ein und möchte die Nacht mit ihr bei sich verbringen. Doch Hanna fühlt sich fremd in der Wohnung, beide gehen zu Hanna.

Der erste Teil des Romans schließt mit der Darstellung vieler Missstimmungen. Obwohl Michael mit Hanna in der Nachbarstadt eine Theateraufführung besucht, fühlt er sich als Verräter an Hanna, weil er sich nicht offen zu ihr bekennt. Er hat inzwischen gute Kontakte zu Klassenkameraden gewonnen, besonders zu der Mitschülerin Sophie. Die Schülergruppe verbringt viele Nachmittage im Schwimmbad, wo Hanna einmal erscheint. Michael zögert, zu ihr zu gehen, als er sich dann doch zu ihr bekennen will, ist sie verschwunden. Er hat Hanna in der vorhergehenden Zeit als bedrückt empfunden, kennt aber den Grund nicht und hält sie einfach für launisch. Am Tag nach Hannas Auftauchen im Schwimmbad ist sie unauffindbar. Aus der möbliert gemieteten Wohnung ist sie ausgezogen. Michaels Nachforschungen ergeben, dass sie sich beim Meldeamt abgemeldet hat, um nach Hamburg zu ziehen. Dieses plötzliche Verschwinden empfindet Michael als Strafe dafür, dass er sich nicht öffentlich zu der viel älteren Geliebten bekannt hat und sie so verraten hat.

Zweiter Teil

Im ersten Kapitel des zweiten Teils werden die Geschehnisse sehr gerafft wiedergegeben. Michael beschreibt die schwere Zeit nach Hannas Weggang, seine geistig-seelische und körperliche Abhängigkeit. In dieser Situation empfindet er die Arbeit bis zum Abitur als mühelos, ebenso sein Studium der Rechtswissenschaft. Er hält diese Jahre sogar für glückliche. Im Wesen scheint er sich zu ändern. Nach der erfahrenen Abhängigkeit hat er nun ein starkes Bedürfnis nach Bindungslosigkeit. Er zeigt seinen Mitmenschen gegenüber „ein großspuriges, überlegenes Gehabe" (S. 84), ein „Nebeneinander von Kaltschnäuzigkeit und Empfindsamkeit" (S. 85). Im Rahmen seines Studiums beobachtet er mit Kommilitonen einen Nazi-Prozess. Michael sieht sich recht selbstgerecht mit den Studenten des Seminars als „Avantgarde der Aufarbeitung" der furchtbaren deutschen Vergangenheit. In diesem Prozess im Jahre 1965 sieht er Hanna als Angeklagte wieder. Obwohl er sie sechs Jahre vorher so sehr vermisst hat, fühlt er beim Wiedersehen nichts, wie er mehrfach betont. Mit Hanna werden vier weitere Frauen angeklagt, die als Aufseherinnen in einem kleinen Lager bei Krakau, einem

Nebenlager von Auschwitz, tätig waren, in dem Frauen lebten, die in eine Rüstungsfabrik zur Zwangsarbeit gingen. Die Anklage wirft vor, dass die Aufseherinnen regelmäßig, wenn neue Frauen im Lager eintrafen, unter den gefangenen Frauen sechzig auswählen mussten, die nach Auschwitz zurückgeschickt wurden, was den sicheren Tod bedeutete. Der zweite Anklagepunkt betrifft das Verhalten der Aufseherinnen beim Rückzug des gesamten Lagers nach Westen. Bei einer Übernachtung waren alle Zwangsarbeiterinnen in einer Kirche eingesperrt worden. In der Nacht wurde der Ort bombardiert, die Kirche begann zu brennen. Doch die Aufseherinnen schlossen die Kirche nicht auf, so dass bis auf zwei Personen – Mutter und Tochter – alle in der Kirche den Tod fanden.

Bei dem Prozess zeigt sich, dass Hanna die Anklageschrift nicht kennt und bei deren Verlesen immer wieder Einwände macht. Die Mitangeklagten nutzen Hannas Unsicherheit und Ungeschicklichkeit, um ihr die Hauptverantwortung zuzuschieben. Besonders belastet wird sie dadurch, dass man erwähnt, dass sie besonders schwache Mädchen als ihre Lieblinge behandelt hat, die ihr vorlasen, was Hanna geheim halten wollte. Deshalb hat sie diese Mädchen nach einiger Zeit nach Auschwitz zurückgeschickt. Als die Frage geklärt werden soll, welche von den Aufseherinnen damals einen Bericht geschrieben hat und ein Schriftvergleich droht, der Hannas Analphabetismus aufgedeckt hätte, gibt sie vor, den Bericht verfasst zu haben.

Michael, der bei dem Prozess ständig anwesend ist, wird plötzlich Hannas Analphabetismus bewusst. Er überlegt, den Vorsitzenden Richter zu informieren. Da er sich nicht sicher ist, ob es ethisch gerechtfertigt ist, hinter dem Rücken eines Menschen andere über dessen Schwächen in Kenntnis zu setzen, befragt er seinen Vater, einen Philosophieprofessor. Dieser rät ihm ab.

Um über die im Prozess angesprochenen Geschehnisse Anschauung zu bekommen, besucht Michael das nicht zu weit entfernte KZ Struthof im Elsass.

Michael macht gegen den Rat des Vaters einen Vorstoß, um den Vorsitzenden Richter über Hannas Lebenslüge, den Analphabetismus, zu informieren. Er spricht mit dem Richter, erwähnt seine Vermutungen aber doch nicht.

Mit der Urteilsverkündung – lebenslänglich für Hanna – schließt der zweite Teil des Romans.

Dritter Teil

Nach dem Prozess stürzt sich Michael wie besessen in sein Studium. Er lebt einsam, fühlt sich wie betäubt von den Erlebnissen.

Als er mit einer Studentengruppe zum Skilaufen fährt, wirkt sich die Betäubung dahingehend aus, dass er meint, sich nicht gegen die Kälte schützen zu müssen. Er wird schließlich so krank, dass er einige Zeit im Krankenhaus verbringen muss und nicht mit der Gruppe zurückfährt. Gertrud, eine Kommilitonin, bleibt bei ihm und wird seine Freundin.

Nach der Genesung hat die Betäubung Michael verlassen. Er leidet nun unter seinen Erlebnissen mit Hanna und dem Prozess. Zur Gegenwart hat er ein distanziertes Verhältnis. Er macht sein Examen in der 1968er-Zeit, der so genannten Studentenbewegung. Michael lebt jedoch in Distanz zu den Protesten gegen den Vietnamkrieg der Amerikaner, gegen die Notstandsgesetzgebung in der Bundesrepublik und die Zuweisung der Kollektivschuld für die Nazi-Verbrechen an alle Deutschen. Er verspürt gerade in dieser Hinsicht nicht mehr den aufklärerischen Eifer wie zu Beginn des Prozesses. Er lehnt die Selbstgerechtigkeit der 68er-Generation ab.

Noch während seiner Zeit als Gerichtsreferendar heiratet Michael seine Freundin Gertrud, ebenfalls Referendarin, die schwanger ist.

Michael erkennt seine Frau als tüchtig an, aber die Umstände (Ausbildung, relativ kleine Wohnung, die zu versorgende Tochter Julia) belasten die Ehe. Doch insbesondere die Prägung durch Hanna führt dazu, dass die Ehe nach etwa fünf Jahren geschieden wird. Beim Zusammensein mit anderen Frauen hat Michael den

Eindruck, dass diese sich im Vergleich zu Hanna „falsch" anfüh-
len, „falsch" riechen oder schmecken.

Nach der Referendarzeit schlägt Michael eine wissenschaftliche
Laufbahn ein. Er wird Rechtshistoriker mit dem besonderen
Forschungsgebiet „Recht im Dritten Reich". Er macht sich
keinerlei Illusionen über einen Fortschritt in der Geschichte des
Rechts, er verneint die Zunahme von Wahrheit und Humanität.
Für ihn entspricht die Geschichte des Rechts einer Irrfahrt, wie
sie die Reisen des Odysseus gewesen sind. So angeregt, liest er
Homers Odyssee. Er liest sie laut und nimmt sie auf Kassetten
auf. Er zögert zunächst, sie Hanna zu schicken, nimmt weitere
Werke auf, kauft ein Kassettengerät für Hanna und schickt ihr
vom achten bis zum achtzehnten Jahr ihrer Haft einen repräsen-
tativen Querschnitt der deutschen Literatur, aber auch einige
Werke der Weltliteratur und selbst Geschriebenes. Im vierten
Jahr dieser Kommunikation mittels Literatur – Michael hat jedes
persönliche Wort vermieden – erhält Michael einen Brief von
Hanna. Sie hat lesen und schreiben gelernt. Die Schrift sieht sehr
unbeholfen aus, doch Michael freut sich sehr über Hannas Leistung. Mit den weiteren Kassettensendungen erhält Michael
Kommentare Hannas, die oft erstaunlich zutreffend sind und
Sinn für Literatur beweisen. Er selbst schreibt Hanna nie einen
persönlichen Brief.

Nachdem Hanna siebzehn Jahre im Gefängnis verbracht hat,
erhält Michael einen Brief der Gefängnisleiterin, die festgestellt
hat, dass Hanna nur diesen einen Kontakt außerhalb des Gefäng-
nisses hat. In ihrem Brief kündigt die Gefängnisleiterin Hannas
Entlassung binnen eines Jahres an. Gleichzeitig fragt sie an, ob er
sich um Hannas Integration in den Lebens- und Arbeitsprozess
kümmern will. Michael findet eine Arbeitsstelle für Hanna bei
einem Schneider, eine kleine Wohnung im Haus von Freunden.
Er bereitet alles vor, besucht Hanna aber nicht. Eine Woche vor
dem Entlassungstermin ruft ihn die Gefängnisleiterin an und
fragt, ob er komme. Schließlich ist er bereit dazu. Vom Wiedersehen ist er enttäuscht. Er empfindet Hanna als dickliche, etwas

ungepflegte alte Frau. Hanna erzählt ihm von ihrem Leben, besonders von den Visionen, die sie von den Toten im KZ hatte.

In der letzten Woche vor der Entlassung entfaltet Michael eine beträchtliche Geschäftigkeit, hat aber immer ein schlechtes Gewissen, weil er Hanna eigentlich auf Distanz zu sich halten möchte.

Als er sie schließlich am vereinbarten Tag abholen will, ist Hanna tot. Sie hat sich erhängt. Die Leiterin zeigt Michael die Zelle und berichtet von Hannas Aktivitäten in der Gefangenschaft, von ihrem erfolgreichen Protest gegen die Kürzungen der Mittel für die Bibliothek, zeigt ihm die Literatur, die Hanna sich zu ihrer Aufarbeitung der Geschehnisse in der NS-Zeit und der Nachkriegszeit angeschafft hat. Die Leiterin gibt ihm auch zu verstehen, dass Hanna ständig auf einen Brief von ihm gewartet hat. Schließlich erhält Michael alle Ersparnisse Hannas (mehr als 7000 DM), die Michael der Tochter geben soll, die mit ihrer Mutter den Brand in der Kirche überlebt hat. Einige Zeit später sucht Michael die Tochter in New York auf, als er beruflich in der Nähe ist. Die Tochter möchte das Geld zunächst nicht annehmen, weil sie Hanna für eine brutale Frau hält, die auch Michaels Leben zerstört habe und weil sie nicht will, dass sich Hanna so billig von ihrer Schuld loskauft. Schließlich einigt man sich darauf, dass das Geld für eine jüdische Gesellschaft zur Bekämpfung des Analphabetismus verwendet werden soll. Der Roman endet mit Reflexionen über das Motiv, den Roman zu schreiben, und mit der Feststellung, dass Michael – mit einer Ausnahme – nie Hannas Grab besucht hat.

Textanalyse und Interpretation

1 Aufbau

Aufbau des Romans

Der Roman gliedert sich in drei Teile, Teil I umfasst 17 Kapitel, Teil II ebenso 17 Kapitel und Teil III 12 Kapitel.

Diese äußere Strukturierung entspricht dem Inhalt des Erzählten. Teil I berichtet vom Verhältnis des 15 Jahre alten Michael Berg zur 36-jährigen Hanna Schmitz. Ort der Handlung ist vermutlich Heidelberg und Umgebung.

Teil II beschreibt den Prozess und die Zeit des Jahres 1965 mit dem Generationskonflikt zwischen denen, die die Nazi-Zeit persönlich miterlebt haben, und der Jugend. Durch den Prozess wird die brutale Welt der Arbeits- und Vernichtungslager und die grausame Zeit des zu Ende gehenden Krieges vermittelt. Sozusagen in einem Exkurs wird anlässlich des Besuchs im KZ Struthof die Wirklichkeit des Jahres 1965 aufgezeigt, die immer noch Faschistisches im Handeln und in der Haltung erkennen lässt.

Teil III stellt einen Zeitraum von 18 Jahren dar – so lange dauert die Gefangenschaft Hannas –, das Leben Michaels, seine beruflichen Erfolge, seine persönlichen Probleme, die durch die frühe Prägung durch Hanna verursacht werden, seine Kontakte mit Hanna mittels der Kassetten und seinen Wunsch, in Distanz zu Hanna zu leben. Im letzten Kapitel, zehn Jahre später, wird berichtet, wie Michael beginnt, seine Erlebnisse aufzuschreiben.

Aufbau der Kapitel

Der Lesbarkeit und Verständlichkeit des Romans dient die Tatsache, dass fast alle der insgesamt 36 Kapitel nur ein Thema

darstellen. Dieses wird meist schon mit dem ersten Satz ange-
sprochen: „Ich sah Hanna im Gerichtssaal wieder." (S. 86); „Ende
Juni wurde das Urteil verkündet." (S. 156); „Am nächsten
Morgen war Hanna tot." (S. 192).

Auch die Kapitelenden resümieren oft das Dargestellte, z. T.
sentenzenhaft: „Die Odyssee ist die Geschichte einer Bewegung,
zugleich zielgerichtet und ziellos, erfolgreich und vergeblich.
Was ist die Geschichte des Rechts anderes!" (S. 173), „Ein
hochmütiger, verletzter, verlorener und müder Blick, der niemanden und nichts sehen will." (S. 157), „... war ich vollkommen
glücklich." (S. 44).

2 Charakterisierung der Hauptfiguren

Michael Berg

Der Titel *Der Vorleser* weist den fiktiven Erzähler Michael Berg
als den Protagonisten des Romans aus, wenn es dem Leser auch
passagenweise so erscheint, als wäre Hanna die Hauptfigur. Es
handelt sich also nicht primär um die Geschichte einer Analphabetin, die sich vielfach schuldig macht, um ihre Schwäche zu
vertuschen. Vielmehr geht es um einen Mann, der im Roman
zwischen 15 und 50 Jahre alt ist und der seine Begegnung mit
Hanna Schmitz und deren Folgen darstellt, ferner sein Scheitern
und Schuldigwerden, seine Unfähigkeit, Verantwortung zu
tragen in Umständen, die weit weniger problematisch sind als die,
in denen Hanna Schmitz gelebt hat. Der Mensch wird am Beispiel
des Protagonisten Michael Berg als wenig souverän in seinem
Handeln und Denken gesehen. Diese Verallgemeinerung ist
möglich, weil auch die meisten Nebenfiguren negativ gezeichnet
werden: Vater, Prozessbeteiligte, Zeitgenossen. Ausnahmen sind
Sophie und die Gefängnisleiterin.

Der 15-jährige Michael Berg stellt sich zunächst als typischen
Jugendlichen seines Alters dar: Er sucht seine Identität. Seine
sexuellen Wünsche, Träume und Nöte sind kennzeichnend für

sein Alter, und seine Loslösung von einer scheinbar heilen Familie ebenso. Andererseits muss Michael Berg als ausnehmend intelligent und sensibel gesehen werden. Seine Fähigkeit, die Erlebnisse zu reflektieren, ist ungewöhnlich ausgeprägt: „Warum hatte ich die Augen nicht von ihr lassen können?" (S. 17); „Habe ich mich in sie verliebt als Preis dafür, dass sie mit mir geschlafen hat?" (S. 28); „Ist diese Traurigkeit die Traurigkeit schlechthin?" (S. 39).

Diese drei Beispiele belegen die Fähigkeit zur Selbstanalyse. Er durchschaut sich selbst, indem er seine sexuelle Begierde als Handlungsmotiv erkennt und seine Beziehung zu Hanna weniger von Liebe als von Trieben bestimmt beschreibt. Oft sind die Reflexionen verallgemeinernd, sprechen philosophische Fragen an. Vielleicht liegt bezüglich der Reflexionsfähigkeit eine häusliche Prägung vor. Der Vater ist Universitätsprofessor für Philosophie. Ansonsten ist das Verhältnis zum Vater unterkühlt, was vor allem durch die lieblose Art des Vaters zu erklären ist. Michael hat den Eindruck, dass der Vater seine Familie wie Haustiere ansieht (vgl. S. 31). Er sehnt sich danach, für den Vater wichtig zu sein, im Zentrum des Lebens zu stehen. Doch dieser Vater sieht seinen Beruf („Denken und Lesen und Schreiben und Lehren", S. 31) als das Wesentliche an.

Obwohl die Mutter fürsorglich ist, bleibt das Verhältnis zu ihr eher distanziert. Die ältere Schwester wird als Vertraute bezeichnet, was allerdings im Roman nicht konkretisiert wird. Die jüngere Schwester nennt Michael frech, zum älteren Bruder ist die Beziehung eher problematisch. Es herrscht Konkurrenz zwischen den Brüdern. Doch wird diese Familiensituation nur angedeutet. Dass im Laufe des Romans der Erzähler seine Familienmitglieder kaum noch erwähnt, verrät schon sein distanziertes Verhältnis zu seinen Mitmenschen und sein egozentrisches Denken.

Die Sensibilität des 15-Jährigen wird daran deutlich, dass er sich schämt, weil er sich übergeben hat, und zeigt sich vor allem in seinem Verhalten Hanna gegenüber. Später überdeckt seine Egozentrik die Sensibilität, wie es die Beziehung zu Sophie widerspiegelt (vgl. S. 84), sein abweisendes Verhalten dem Großvater gegenüber (vgl. S. 85) zeigt, ebenso wie die Tatsache, dass er Hanna in 18 Jahren Gefangenschaft von sich aus nicht besucht, ihr nicht schreibt und nur einmal ihr Grab aufsucht.

Das Ambivalente in seinem Wesen spürt Michael selbst, wenn er vom „Nebeneinander von Kaltschnäuzigkeit und Empfindsamkeit" (S. 85) spricht. Seine ungewöhnliche Intelligenz ist daran zu erkennen, dass er trotz monatelangen Fehlens in der Schule, von Hanna motiviert, die Versetzung schafft. Von Abitur und Studium sagt er, es sei ihm alles leicht gefallen (vgl. S. 84). Neben der Intelligenz ist sein Ehrgeiz, der aus dem Streben nach Anerkennung und Ansehen resultiert (vgl. S. 70), für die Erfolge grundlegend. Wie sehr Michael Berg ambivalent fühlt, wird an vielen Textstellen deutlich, z. B. sagt er von sich, was eigentlich typisch für alle Jugendlichen, vielleicht überhaupt für Menschen ist: „Ich fühlte mich, als ich jung war, immer entweder zu sicher oder zu unsicher. Entweder kam ich mir völlig unfähig, unansehnlich und nichtswürdig vor, oder ich meinte, ich sei alles in allem gelungen [...]" (S. 64). Wenn Michael Berg in diesem Zusammenhang noch fragt: „Geht das allen so?" (S. 64), wird das Identifizierungsangebot an den Leser deutlich.

Die Figur Michael Berg charakterisiert sich primär durch das Verhältnis zu Hanna. Dieses beginnt als rein sexuelles, triebhaftes. Es geht nicht um Liebe, als er Hanna beim Anziehen der Strümpfe beobachtet (vgl. S. 17 f.), sondern um Begierde, um Verführung. Michael Berg analysiert sein Verhalten zutreffend: „Es, was immer es sein mag, handelt." (S. 22). Er wird sich bewusst, dass er Hanna gegenüber genauso gehandelt hat, wie oft im Leben, nämlich unabhängig von seinen Entscheidungen: „Oft genug habe ich im Lauf meines Lebens getan, wofür ich mich nicht entschieden hatte, und nicht getan, wofür ich mich entschieden hatte." (S. 22).

Michael lernt durch Hanna den Geschlechtsverkehr in einem Alter kennen, in dem er nach Gesetzeslage Vergewaltigung ist. Im § 182 des Sexualstrafrechts heißt es, sexueller Missbrauch von Jugendlichen liege vor, wenn eine Person über einundzwanzig Jahren mit einer Person unter sechzehn Jahren sexuelle Handlungen ausführe, da die fehlende Fähigkeit des Opfers zur sexuellen Selbstbestimmung ausgenutzt werde. Wenn auch Michael das sexuelle Verhältnis ausgekostet und von sich aus gewollt hat, liegt das vor, was das Gesetz ‚fehlende sexuelle Selbstbestimmung‘ nennt. Infolge des sexuellen Verhältnisses wird Michael hörig. Wenn es zum Streit mit Hanna kommt, häufig aufgrund des Analphabetismus, von dem Michael aber noch nichts weiß, wird die Hörigkeit deutlich. Er stellt selbst fest, er habe bedingungslos kapituliert: „Ich habe Fehler zugegeben, die ich nicht begangen hatte, Absichten eingestanden, die ich nie gehegt hatte." (S. 50). Trotz der täglichen sexuellen Intimität bleibt das Gefühlsleben distanziert. Hanna erzählt wenig von sich. Michael hat den Eindruck, als werde er in Besitz genommen: „Auch wenn wir uns liebten, nahm sie selbstverständlich von mir Besitz." (S. 33). Er versucht zwar, „auch von ihr Besitz zu ergreifen", stellt aber fest: „Ganz lernte ich es nie." (S. 34). Schließlich sieht er ein: „Wir hatten keine gemeinsame Lebenswelt." (S. 75). Der Autor und Jurist Bernhard Schlink hat das Werk vermutlich so gestaltet, dass der Missbrauchsparagraph 182 zutrifft. Der Missbrauch wird besonders in seiner Langzeitwirkung deutlich. Durch das körperlich gewünschte, aber geistig-seelisch gesehen zu frühe sexuelle Verhältnis zu einer viel älteren Frau wird Michael so geprägt, dass alle Beziehungen zu anderen Frauen, sogar seine Ehe, scheitern. Er hat immer „das Gefühl, dass es nicht stimmt, dass sie nicht stimmt, dass sie sich falsch anfasst und anfühlt, dass sie falsch riecht und schmeckt." (S. 164 f.). Dadurch scheitert sein emotionales Leben voll und ganz, obwohl er beruflich sehr erfolgreich ist (vermutlich) als Universitätsprofessor für die Geschichte des Rechts.

Nicht nur die Sexualität, sondern auch seine Schuldgefühle haben ihn geprägt, die Hanna ihm dadurch vermittelt hat, dass sie ihn emotional auf Distanz hielt. Michael hat das Gefühl, Hanna verraten zu haben, weil er sich mit seinen Klassenkameraden trifft, weil er sich nicht mit ihr in der Öffentlichkeit seiner Heimatstadt zeigt oder weil er im Schwimmbad nicht sofort zu ihr eilt. Besonders groß ist das Gefühl der Schuld, als Hanna verschwunden ist (vgl. S. 80). Auffällig ist in diesem Zusammenhang, dass er körperliche Entzugserscheinungen hat (vgl. S. 80), emotional aber außer der Schuld nichts empfindet; keine Liebe. Das wird besonders deutlich, als er sie im Gerichtssaal wiedersieht: „... ich fühlte nichts. Ich fühlte nichts." (S. 91). Die wörtliche Wiederholung lässt den Leser aufhorchen. Dieser erfährt dann im Folgenden, dass auch körperlich kein Verlangen mehr da ist: „Ich wollte sie weit weg von mir haben [...]" (S. 93). Durch diese doppelte Prägung – intensive körperliche Sexualität, emotionale Distanz, ja sogar Lieblosigkeit – wird Michaels weiteres Leben bestimmt. Er hat sexuelle Beziehungen, Verhältnisse, aber keine Liebesbeziehungen und Freundschaften. Am stärksten wirkt sich das in Bezug auf Hanna selbst aus. Er schickt ihr zwar Kassetten ins Gefängnis, begründet das Besprechen aber u. a. damit, laut lesen zu wollen, damit er nicht einschlafe (vgl. S. 174).

Er weiß, dass Hanna sein Leben dominiert (vgl. S. 174), auch wenn die Liebe keine Rolle spielt. Er weiß, dass er Hanna trotz der intensiven sexuellen Beziehung nur „eine kleine Nische zugebilligt" hat, „aber keinen Platz in meinem Leben" (S. 187). Er findet sein Verhalten Hanna gegenüber „bequem und egoistisch" (S. 181).

Wenn man die Entwicklung Michael Bergs betrachtet, ausgehend von seinen hervorragenden Anlagen (intelligent, sensibel) und den nicht ungünstigen Familienumständen bis zu Hannas Tod, lässt sich erkennen, wie verpfuscht das Leben ohne Liebe und Freundschaft ist. Es liegt nahe, einen wichtigen Grund dafür in der frühen sexuellen Beziehung zu sehen, die kein Liebesverhältnis werden konnte, weil der Altersunterschied zu groß war und weil Hannas Analphabetismus die Beziehung belastete.

Die frühe Prägung in sexueller Hinsicht und das damit verbundene Erlernen von distanziertem, lieblosem Verhalten hat Michael Berg zu einem egozentrischen Menschen ohne Verantwortungsbereitschaft gemacht, der sich und die Dinge zwar richtig analysiert, aber sein Handeln nicht konsequent ausrichtet. Er kann also nicht als selbstbestimmte Persönlichkeit angesehen werden. Dies zeigt sich am besten daran, dass er zwar den Richter aufsucht, um ihn über Hannas Analphabetismus aufzuklären, aber schließlich unfähig ist, sein Vorhaben zur Sprache zu bringen.

Hanna Schmitz

Hanna Schmitz wurde am 21. Oktober 1922 bei Hermannstadt, einem deutschen Siedlungsgebiet in Siebenbürgen (heute: Rumänien), geboren. Sie arbeitet zunächst bei Siemens in Berlin, und als man ihr eine Stelle als Vorarbeiterin anbietet, meldet sie sich im Herbst 1943 zur Waffen-SS. Bis Frühjahr 1944 ist sie Aufseherin in Auschwitz und anschließend in einem kleineren Lager bei Krakau. Im Winter 1944/45 flüchtet sie mit den Gefangenen nach Westen, da die Ostfront zusammenbricht.

Diese Angaben erhält der Leser durch die Vernehmung zur Person beim Beginn des Prozesses (vgl. S. 91). Aus dem Zusammenhang ist zu schließen, dass Hanna im Herbst 1958 Michael Berg das erste Mal sieht. Im Frühjahr 1959 beginnt das Verhältnis und dauert etwa bis zum Sommer. Der Prozess findet im Jahre 1965 statt. Die achtzehnjährige Gefangenschaft dauert bis 1983. Mit 61 Jahren nimmt sie sich das Leben.

Hannas gesamtes Leben ist durch Analphabetismus geprägt. Erst im Gefängnis lernt sie lesen, indem sie die gesprochenen Wörter auf Michaels Kassetten mit dem geschriebenen Text vergleicht (vgl. S. 195). Hanna muss trotzdem als bildungsfähig angesehen werden, denn bei ihren Arbeitsstellen soll sie nach gewisser Zeit höherwertig beschäftigt werden, bei Siemens z.B. als Vorarbeiterin und später soll sie von der Straßenbahnschaffnerin zur Fahrerin aufsteigen. Vor allem an ihrem Sinn für Literatur (vgl. S. 43 und 179) erkennt man, dass sie Voraussetzungen dafür mitbringt, lesen und schreiben zu können. Die Gründe für ihren Analphabetismus bleiben allerdings im Dunkeln.

Der Analphabetismus bestimmt ihr Leben nachhaltig: Erstens bedingt er den Wechsel des Arbeitsplatzes und damit das Sich-Verstricken in den KZ-Dienst. Hier wird sie schuldig, insbesondere dadurch, dass sie ihre Vorleserinnen nach Auschwitz zurückschickt. Zweitens ist sie nicht in der Lage, die Anklageschrift zu lesen. Hätte sie sie gekannt, wäre es einfach gewesen, einer Gefängnisstrafe zu entgehen. Drittens gibt sie vor, den Bericht geschrieben zu haben, nur um einem Schriftvergleich aus dem Wege zu gehen, der ihren Analphabetismus aufgedeckt hätte.

Ihr ganzes Wesen und Handeln wird durch das Gefühl beherrscht, die Schande, das Defizit verbergen zu müssen. Sie hat möglicherweise eine Disposition zu Härte, Brutalität und Grausamkeit. Doch durch das Sich-Behaupten-Wollen werden diese Charaktereigenschaften noch ausgeprägter.

Schon bei der ersten Begegnung, als Michael sich krankheitsbedingt übergibt und sie ihm hilft, wird ein herrischer Zug in ihrem Wesen deutlich: „Die Frau, die sich meiner annahm, tat es fast grob [...] und klatschte mir dann das Wasser [...] ins Gesicht." (S. 6). Sie wirkt sehr bestimmend und entschlossen auf Michael (vgl. S. 7).

Ihr Körper wird als kräftig, aber schlank beschrieben. An das Gesicht erinnert sich Michael nicht so genau. Er rekonstruiert: „Hohe Stirn, hohe Backenknochen, blassblaue Augen, volle, ohne Einbuchtung gleichmäßig geschwungene Lippen, kräftiges Kinn. Ein großflächiges, herbes, frauliches Gesicht." (S. 14). Sie hat „schulterlanges, aschblondes Haar" (S. 14). Zwischen dem Aussehen und dem Wesen gibt es gewisse Entsprechungen. Bei späteren Beschreibungen wird Hanna als hochmütig (vgl. S. 157), kalt (S. 47 und 50), herrisch (S. 76) beschrieben, dazu passt der straffe Knoten, den sie beim Prozess trägt. Bei der Urteilsverkündung kleidet sie sich fast wie eine KZ-Aufseherin: „Sie trug ein schwarzes Kostüm und eine weiße Bluse, und der Schnitt des Kostüms und die Krawatte zur Bluse ließen sie aussehen, als trage sie eine Uniform." (S. 156 f.). Insgesamt wirkt sie willensstark und machtbewusst. Dazu passt auch oft ihr Verhalten, das von Michael zuweilen als „hart" (S. 50) empfunden wird. Bei einem Streit kann sie wütend werden und brutal handeln (vgl. S. 54). Im Lager galt sie als „grausam und unbeherrscht" (S. 115). In Michaels Visionen wird Hannas Charakter besonders deutlich: „Ich sah Hanna bei der brennenden Kirche, mit hartem Gesicht, schwarzer Uniform und Reitpeitsche." (S. 140). „Sie tut alles mit demselben harten Gesicht, mit kalten Augen und schmalem Mund." (S. 141). Michael beschreibt „das schreiende Gesicht" als „eine hässliche Fratze" (S. 141). Er träumt auch, dass ihn „die harte, herrische, grausame Hanna sexuell erregte" (S. 142).

Insgesamt kann man im Aussehen und Verhalten eine beträchtliche Übereinstimmung sehen. Es liegt nahe zu vermuten, dass Hanna so herrisch und hart ist, weil sie ständig ihre Schwäche, den Analphabetismus, kompensieren will. Als Beispiel ist insbesondere ihr Verhalten beim Radausflug anzuführen, als sie Michaels Mitteilung nicht lesen kann und ihn mit dem Gürtel schlägt. Ebenso belegt die Art und Weise, wie sie ihre Vorleserinnen behandelt, dass sie ihr Nicht-Lesen-Können verbergen will. Sie tauscht diese aus, obwohl sie weiß, dass das Zurückschicken den sicheren Tod bedeutet.

Da der Analphabetismus wesentlich ihre Schuld bedingt und ihr Handeln bestimmt, da Letzteres Kompensation ihres Analphabetismus ist, kann auch im übrigen Verhalten das Bedürfnis nach Kompensation erkannt werden. Das gilt vor allem für ihren Zug zur Sauberkeit. Michael sagt: „Sie war von peinlicher Sauberkeit" (S. 33). Das ständige Baden und Duschen, die Sauberkeit im Haus sollen wohl symbolisch die Schuld wegnehmen.

Beim Sexualakt empfindet Michael Hanna zwar auch als durchsetzungsstark, wenn er sie als besitzergreifend schildert, dennoch ist sie auch zärtlich und liebevoll, ohne dass man sagen kann, dass sie ihn liebt. Es ist sogar zu vermuten, dass sie ihn primär als Vorleser ansieht und nur in zweiter Linie als Bettgefährten: „Zuerst musst du mir vorlesen." (S. 43). Zuweilen ist

Hanna sogar weich und unsicher. Michael stellt fest: „Manchmal empfand ich, als leide sie selbst unter ihrem Erkalten und Erstarren. Als sehne sie sich nach der Wärme meiner Entschuldigungen, Beteuerungen und Beschwörungen." (S. 50). Darin liegt einerseits Weichheit, andererseits wird das Gefühl angesprochen, dem Vorleser gegenüber überlegen zu sein, damit das eigene Defizit nicht gespürt wird. Neben ihrem selbstbewussten, ja harten Verhalten zeigt sich ihre Unsicherheit beim Besuch in Michaels Zuhause oder bei den Streitgesprächen, in denen sie sich auf keine Argumentation einlassen mag. Entsprechend „verwirrt und ratlos" (S. 105) verhält sie sich beim Prozess, andererseits ist sie dort aber auch beharrlich und durchsetzungsfähig, auch wenn ihr das eher schadet. Michael kommentiert dies: „Sie hatte kein Gefühl für den Kontext, für die Regeln, nach denen gespielt wurde, für die Formeln, nach denen sich ihre Äußerungen und die der anderen zu Schuld und Unschuld, Verurteilung und Freispruch verrechneten." (S. 105). Dieses Zitat lässt erkennen, dass Hannas gesamte Persönlichkeit durch den Analphabetismus gestört ist. Jede Einschätzung der Situation wird von dem Willen überlagert, ihre Schwäche zu verstecken.

Ihre Beharrlichkeit hat aber auch positive Züge. Dies zeigt sich z. B. im Gefängnis. Als die Mittel für die Gefängnisbibliothek gekürzt werden sollen, veranstaltet Hanna einen Sitzstreik, bis die Entscheidung zurückgenommen wird. Aus der harten Hanna, die ständig bemüht ist, sich vor der Bloßstellung, Analphabetin zu sein, zu schützen, wird im Gefängnis eine konsequent handelnde Frau, die sich durch Literatur mit den Verbrechen des Nationalsozialismus beschäftigt (vgl. S. 194), die lernt, Verantwortung zu übernehmen und ihre Schuld sich selbst einzugestehen (vgl. S. 187). Voraussetzung für die Auseinandersetzung mit der NS-Zeit ist, dass Hanna lesen gelernt hat. Die Gefängnisleiterin äußert sich entsprechend: „Nachdem Frau Schmitz lesen gelernt hat, hat sie gleich angefangen, über KZs zu lesen." (S. 194). Auffällig ist, dass Hanna gegen Ende des Gefängnisaufenthaltes aufhört, auf sich zu achten. Sie pflegt sich nicht mehr, beginnt zu riechen, isst zu viel und wird zu dick. Gründe dafür lassen sich nur vermuten. Sie hat keine persönlichen Kontakte, hofft auf Zuwendung Michaels über den Kontakt mit den Kassetten hinaus: „Sie hat so darauf gehofft, dass Sie ihr schreiben." (S. 195). Da das nie geschah, hat sie vielleicht resigniert, ist hoffnungslos geworden und hat sich schließlich erhängt. Man kann auch – spekulativ – daran denken, dass sie ihre Schuld akzeptiert, indem sie sich nicht mehr wäscht. Der Drang nach peinlicher Sauberkeit hält so lange an, wie die Schuld unbewusst ist. Die symbolischen Waschungen sind also die Vergangenheitsbewältigung der Analphabetin. Durch das Lesen findet eine bewusste Auseinandersetzung statt.

Doch diese Fragen bleiben letztlich ebenso im Raum wie die, warum Hanna sich selbst getötet hat. Fühlte sie sich trotz Michaels Besuch von ihm verlassen? Hat sie gespürt, dass sie zu einer Belastung für ihn geworden wäre, der die Vorbereitungen für ihr Leben nach der Entlassung aus dem Gefängnis in der Tat als Bürde empfand: „Es war mir alles zu viel." (S. 190). Hat Hanna nach 18 Jahren im Gefängnis Angst vor dem neuen Leben gehabt, eventuell davor, einsam zu sein? War es ihr Alter oder eine allgemeine Kraftlosigkeit und Hoffnungslosigkeit? Oder wollte sie mit ihrem Tod weiterhin ihre Schuld sühnen und konsequent die Verantwortung für ihre Verstrickungen übernehmen?

Eine eindeutige Festlegung kann nicht vorgenommen werden. Möglicherweise wird der Leser zu dem Schluss kommen, dass alle Motive gleichzeitig gültig sind. Seine individuelle Antwort ist jedenfalls gefordert.

3 Darstellung der NS-Thematik

Michael Berg nimmt im Rahmen eines juristischen Seminars am Prozess teil, in dem Hanna eine der Angeklagten ist. Der das Seminar leitende Professor sagt seinen Studenten zu Beginn über die Angeklagten: „Sie werden keinen finden, der wirklich meint, er habe damals morden dürfen." (S. 87). Der Professor ist also davon überzeugt, dass jeder wusste, dass er Unrecht tat. Die Frage ist, warum er sich trotzdem darauf einließ. Nimmt man das Beispiel Hanna, geht es nicht um Antisemitismus oder überzeugten Nationalsozialismus, sondern ihr Handeln ist hauptsächlich durch das Verbergen ihres Analphabetismus bestimmt. Auch die anderen Angeklagten scheinen keine Überzeugungstäter zu sein. Im Struthof-Kapitel deutet der Fahrer eines Wagens an, mit dem Michael als Anhalter fährt, dass nicht aus einem bestimmten Grund gehandelt wurde, sondern dass ein Job erledigt wurde: Töten als Tagwerk. Man empfindet nichts dabei. Die Motive der Menschen sind also das Verbergen von Defiziten und das Ausführen des Tötungsbefehls, damit bald Feierabend ist. Es geht demnach nur um persönliche, egoistische Motive. Man hat hier gleichsam ein Beispiel, wie Politik abläuft. Das verbrecherische Regime nutzt, um zum Ziel zu kommen, den Egoismus der Mitläufer. Sie wissen zwar, dass sie Unrecht tun, haben aber einen Grund, der ihnen wichtiger ist als ethische Überlegungen, nämlich ihren Vorteil. Deshalb handeln sie verantwortungslos.

Von Egoismus ist das Handeln der Menschen in der Gegenwart der Erzählung bestimmt. Die Verteidiger im Prozess sind z. T. alte Nazis, die ihre Verfehlungen herunterspielen wollen. Hannas Pflichtverteidiger geht es um Selbstdarstellung, Schlink karikiert diesen Anwalt in seinem Übereifer und seiner aufbrausenden Art. Auch der Vorsitzende Richter wird wenig überzeugend dargestellt. Michael beschreibt ihn: „Er wirkte entspannt, ein Mann, der sein Tagwerk vollbracht hat und damit zufrieden ist." (S. 154). In diesem Zusammenhang fällt das Wort „Tagwerk" auf. Zwei Kapitel vorher findet sich eine ähnliche Formulierung in Bezug auf ein Bild, das einen Offizier bei der Exekution von Juden zeigt: „Er hat aber auch etwas Zufriedenes, sogar Vergnügtes im Gesicht, vielleicht weil immerhin das Tagwerk geschieht und bald Feierabend ist." (S. 147). Wenn in beiden Fällen bei den so Unterschiedliches ausführenden Männern dieselbe Formulierung gewählt wird, ist die Parallele offenkundig. Michael nennt das Gesicht des Richters „ein nettes, intelligentes, harmloses Beamtengesicht" (S. 154). Dieser Richter fragt nicht nach dem Grund von Michaels Besuch, sondern erzählt selbstgerecht von sich: „Er hatte alles richtig gemacht." (S. 154).

Selbstverständlich ist es ein riesiger Unterschied, ob man Menschen tötet oder Gerichtsverhandlungen führt. Die grundsätzlichen Einstellungen sind aber ähnlich. Es ist der Zufall, wann und in welche Epoche man geboren ist, der entscheidet, ob und in welchem Maße der Mensch schuldig wird oder nicht.

Bei der Gerichtsverhandlung ist erkennbar, dass die geschilderten Grausamkeiten das Gericht und die Beobachter erschüttern, so dass sie „Entsetzen, Scham und Schuld" (S. 100) empfinden und wie betäubt sind. Als aber ein Zeuge in Israel zu vernehmen ist, „kam Reisefreude auf" (S. 98). Das Gericht fliegt schließlich für zwei Wochen dorthin. Man verbindet die wenigen Verhandlungstage mit Tourismus und besucht Jerusalem und Tel Aviv, Negev und das Rote Meer. Auch hier werden die egoistischen Motive im Handeln der Menschen erkennbar.

Nicht anders ist es bei Michael und seinen Kommilitonen, die als Vertreter der 68er-Generation anzusehen sind. Sie wirken sehr selbstgerecht, sie fühlen sich als ‚Avantgarde der Aufarbeitung':

„Wir rissen die Fenster auf, ließen die Luft herein, den Wind, der endlich den Staub aufwirbelte, den die Gesellschaft über die Furchtbarkeiten der Vergangenheit hatte sinken lassen. Wir sorgten dafür, dass man atmen und sehen konnte. Auch wir setzten nicht auf juristische Gelehrsamkeit. Dass verurteilt werden müsse, stand für uns fest. Ebenso fest stand für uns, dass es nur vordergründig um die

Verurteilung dieses oder jenes KZ-Wächters und -Schergen ging. Die Generation, die sich der Wächter und Schergen bedient oder sie nicht gehindert oder sie nicht wenigstens ausgestoßen hatte, als sie sie nach 1945 hätte ausstoßen können, stand vor Gericht, und wir verurteilten sie in einem Verfahren der Aufarbeitung und Aufklärung zu Scham." (S. 87).

Michaels Vater hatte seine Stelle als Dozent der Philosophie an der Universität verloren und sich und seine Familie in einem harmlosen bürgerlichen Beruf („Lektor eines Verlages für Wanderkarten und -bücher") durch die NS-Zeit gebracht. Michael hat keinen Grund, seinen Vater anzuklagen: „Wie kam ich dazu, ihn zu Scham zu verurteilen? Aber ich tat es." (S. 88). Nachdem der fiktive Erzähler Michael Berg aber erkennt, wie sehr er in die Schuldproblematik durch seine Beziehung mit Hanna verstrickt ist, gewinnt er zu Ersterer eine andere Einstellung. Daher geht er auf Distanz zu seinen Zeitgenossen, obwohl er die Realität der Nachkriegszeit sieht, in der „so viele alte Nazis bei den Gerichten, in der Verwaltung und an den Universitäten Karriere gemacht hatten" (S. 161), und dies keinesfalls gutheißt: „Ich konnte auf niemanden mit dem Finger zeigen." (S. 162). Für Michael ist es auch unmöglich, dass ein Mensch behauptet, Schuld und Scham zu empfinden, und dabei selbstgerecht auftrumpft. Im Nachhinein sieht Michael den Grund, sich zur ‚Avantgarde der Aufarbeitung' zu zählen, darin, dass es „das gute Gefühl dazuzugehören" gab. Das Motiv für das Handeln liegt einfach nur in der Gemeinsamkeit des Handelns. Von Mitgliedern der SA ist dieses Motiv auch bekannt. Indem Schlink solche Parallelen in der Motivation, nicht in der Qualität der Handlung aufzeigt, vermittelt er ein Bild des Menschen, das den Leser nachdenklich stimmen müsste. Es sind keine hehren Ziele, keine ethischen Maximen, nicht einmal bei Michaels Vater, dem Philosophieprofessor, die den Umgang der Menschen bestimmen, sondern das Ego. Entsprechend zeigt der Jurist Schlink durch Michael, dass die Welt bisher in keine gute Ordnung gebracht worden ist, dass es keinen Fortschritt in der Entwicklung des Rechts gibt (vgl. S. 173).

Textanalyse und Interpretation

Dieses ist nicht einfach ein negatives Menschenbild, das schicksalsartig hingenommen werden soll. Schlink zeigt auch Möglichkeiten auf, wie vielleicht doch eine Entwicklung zum Guten herbeigeführt werden kann. Einmal wird das am Beispiel der Gefängnisdirektorin erkennbar, die einen unermüdlichen und klugen Einsatz aufbringt, Michael offen um seinen Beitrag bittet, Hanna zu helfen und zornig ist, als er versagt (vgl. S. 197). Zu Offenheit und Ehrlichkeit gelangt am Ende auch Michael Berg: Indem er seine Erlebnisse aufschreibt, sich selbst analysiert, seine Fehler, seine Verantwortungslosigkeit niederschreibt. Nicht um seine Schuld loszuwerden, was er in der Tat ursprünglich intendierte – „Zuerst wollte ich unsere Geschichte schreiben, um sie loszuwerden." (S. 206) –, sondern er will schreiben, was wahr ist: „Aber ich denke, dass sie stimmt und dass daneben die Frage, ob sie traurig oder glücklich ist, keinerlei Bedeutung hat." (S. 206). Die Stimmigkeit der Analyse erscheint sehr wichtig. Entsetzen, Scham und Schuld sollen durch die Aufarbeitung der Vergangenheit bei der nachfolgenden Generation nicht verstummen, sondern bewusst werden, damit sie gegenwärtig sind.

„Sollen wir nur in Entsetzen, Scham und Schuld verstummen? Zu welchem Ende? Nicht dass sich der Aufarbeitungs- und Aufklärungseifer, mit dem ich am Seminar teilgenommen hatte, in der Verhandlung einfach verloren hätte. Aber dass einige wenige verurteilt und bestraft und dass wir, die nachfolgende Generation, in Entsetzen, Scham und Schuld verstummen würden – das sollte es sein?" (S. 100).

Nur wenn der Mensch erfährt, zu welchen Niederträchtigkeiten er aus Selbstsucht zu allen Zeiten und in allen Gegenden in der Lage ist, kann er seiner Veranlagung widerstehen: Lesen und Schreiben als Selbstaufklärung. Der Analphabet ist dazu nicht in der Lage. Er verstrickt sich schneller in Schuld, wie das Beispiel Hanna erkennen lässt. Erst der bewusst handelnde Mensch ist nicht mehr so schnell in der Gefahr, zugeben zu müssen, dass „es" handelt, wie Michael das über seine Beziehung zu Hanna gesagt hat (vgl. S. 22).

4 Darstellung der Natur und der Umgebung

Wenn auch im *Vorleser* die Mitteilung von Geschehenem und von Reflexionen den wesentlichen Teil des Romans ausmachen, finden sich doch Beschreibungen der Umgebung und der Natur, die sehr wichtig für die Gesamtaussage sind.

Da ist zunächst das Haus, in dem Hanna wohnt (vgl. auch *Interpretationshilfe,* S. 43 ff.). Es hat eine prächtige Fassade, im Inneren ist die Schönheit jedoch vergangen, z. B. im Treppenhaus:

„Der rote Anstrich der Stufen war in der Mitte abgetreten, das geprägte grüne Linoleum, das neben der Treppe schulterhoch an der Wand klebte, abgewetzt, und wo im Geländer die Stäbe fehlten, waren Schnüre gespannt. Es roch nach Putzmitteln. [...] manchmal gemischt mit dem Geruch nach Kohl oder Bohnen, nach Gebratenem oder nach kochender Wäsche." (S. 12).

Im Hof befindet sich eine Schreinerei. Man hört das Kreischen der Säge und riecht das Holz (vgl. S. 13). Hannas Wohnung wird ähnlich schäbig und dunkel, aber sauber beschrieben. Die Wohnung besteht aus zwei Räumen. Die Küche ist zugleich Schlafzimmer und Badezimmer. „Schließlich gehörte zur Wohnung noch ein fensterloses Klo. Wenn es im Klo stank, stank es auch im Gang." (S. 13). Der Leser kann sich sehr gut das Lebensumfeld Hannas vorstellen. Die Sinne Sehen, Hören und Riechen sind angesprochen. Das Verb ‚stinken' wird wiederholt und steht aufgrund des chiastischen, d. h. über Kreuz stehenden Satzbaus nebeneinander. Dadurch verstärken sich die Intensität und die Anschaulichkeit der Darstellung. Der Leser, der solche Häuser aus eigenem Erleben kennt, wird die Stimmigkeit der Bilder bewundern und glauben, die Gerüche bei der Lektüre direkt wahrzunehmen, so genau und vorstellbar ist die Schilderung. Haus und Wohnung stehen in einer gewissen Korrespondenz mit Hanna: schönes Äußeres, fehlerhaftes Inneres; wobei der Begriff Symbolik hier vielleicht zu weit geht.

Textanalyse und Interpretation

Ähnliche Verweisfunktion hat die Beschreibung des Koksholens. Als Michael die zweite Schütte füllt, heißt es: „...kam der Berg in Bewegung. Von oben hüpften kleine Brocken in großen und große in kleinen Sprüngen herab, weiter unten war's ein Rutschen und am Boden ein Rollen und Schieben." (S. 25). Hier wird nicht nur der Grund für das anschließende Bad geschaffen, die Bewegung des Koks steht auch für das Überwältigende, Nicht-mehr-Beherrschbare der Sexualität, wenn sie einmal in Bewegung gebracht worden ist.

Bei der Straßenbahnfahrt am frühen Morgen (vgl. S. 45 ff.) wird die Natur so ambivalent beschrieben, wie es die Gefühle Michaels sind. Einerseits wird der weiße Himmel gesehen: „...alles blass in blassem Licht" (S. 45). Durch die kunstvoll gestaltete Wiederholung des Wortes „blass" – wegen der unterschiedlichen grammatischen Fälle ist die Wiederholung fast eine Variation des Ausdrucks – wird das Bedrohte und Todgeweihte der Beziehung angedeutet. Andererseits werden aber auch „grünende Bäume und blühende Sträucher" gesehen. Sie stehen für das zeitweise lebendige Liebesverhältnis. Das angeschlossene Wort „Gaskessel" hingegen wirkt eher als Bedrohung (vgl. S. 45).

Die Fahrt in der Bahn erscheint Michael wie ein „böser Traum" (S. 47), er weint auf dem Weg nach Hause, dennoch wird die Natur als schön beschrieben: „Die Luft war frisch. Sie war erfüllt vom Zwitschern der Vögel. Über den Bergen leuchtete der weiße Himmel rosa." (S. 46). Eine solche Beschreibung lässt trotz der Tränen an eine hoffnungsvolle („rosa", nicht rot) Zukunft der Liebe glauben.

Diese Ambivalenzen sind in weiteren Beschreibungen zu erkennen. Auf dem Weg zum NS-Prozess wird die Fahrt geschildert: „Unter blühenden Obstbäumen fuhren wir die Bergstraße entlang*. Wir waren in gehobener, beschwingter Stimmung." (S. 90). Und dann erleben sie die Schrecklichkeiten des Prozesses. Hier wird zum Ausdruck gebracht, dass das Böse in der Normalität und sogar im schönen Schein auftreten kann. Das Böse darf nicht so gestaltet werden, dass die Darstellung der Elemente, der

Natur und der Umgebung die Wirkung des Bösen verstärken. In diesem Fall würden die Nachtseiten des menschlichen Wesens eine mystische Dimension erhalten. Es soll vielmehr die Banalität des Bösen klar werden (vgl. auch die Untersuchung der Naturfunktion in den beiden Struthof-Kapiteln, *Interpretationshilfe*, S. 50ff.). Das Sehen und Erleben der Natur wird auch als Kompensation der Prozesserlebnisse für Michael notwendig: „Von den Tagen im Gericht brachte ich einen mir neuen Hunger nach den Farben und Gerüchen der Natur mit." (S. 125). Hier hat die Natur für den Protagonisten eine die Seele heilende Funktion, die hilft, die gehörten Scheußlichkeiten und sich selbst zu ertragen, während der Leser das Nebeneinander von Schönem und Schrecklichem wahrnimmt.

Die Darstellung der Natur kann aber parallel zu den Ereignissen gestaltet sein. So passt die Naturbeschreibung atmosphärisch gut zu Michaels Erkenntnis, dass Hanna Analphabetin ist. Er geht gerade einen Weg, der „unter alten, hohen, dunklen Bäumen und dann durch lichtes Holz führt" (S. 126), als ihm die Erleuchtung kommt. Die Metapher „lichtes Holz" weist auf das Erkennen hin („licht" für durchleuchtet, vgl. auch: Licht aufgehen).

Bei der Beerdigung des Professors, der das KZ-Seminar geleitet hat, wird die Naturschilderung dazu genutzt, das Geschehen atmosphärisch widerzuspiegeln und zu untermalen: „Es war ein kalter Herbsttag mit wolkenlosem, dunstigem Himmel und gelber Sonne, die nicht mehr wärmt..." (S. 168).

Eher die Funktion, die Stimmung Hannas und Michaels zu unterstreichen, hat die Naturschilderung bei der Radtour:

„Die Sonne schien, und sie schien vier Tage lang. Morgens war es frisch, und tags wurde es warm, nicht zu warm fürs Fahrradfahren, aber warm genug zum Picknicken. Die Wälder waren Teppiche in Grün, mit gelbgrünen, hellgrünen, flaschengrünen, blau- und schwarzgrünen Tupfern, Flecken und Flächen. In der Rheinebene blühten schon die ersten Obstbäume. Im Odenwald gingen gerade die Forsythien auf." (S. 52 f.).

Besonders auffällig ist hier die Wortmalerei mit den fünf verschiedenen Grün-Schattierungen. Der Autor stellt sehr kunstvoll und anschaulich die Grün-Töne dar. Daneben stehen als Hauptfarben „gelb" (Forsythien) und „weiß/rosa" (blühende Obstbäume). Alliterationen wie Teppiche und Tupfer, Flecken und Flächen vervollständigen das poetische Bild. Der Leser wird trotz der überwiegend bedrückenden Handlung mit dem Schönen konfrontiert.

Während ihrer Gefängniszeit veranschaulicht sich Hanna die freie Natur durch Bildchen, die sie zur Illustration von Naturgedichten gesammelt hat:

> „... und die Bildchen zeigten frühlingshellen Wald, blumenbunte Wiesen, Herbstlaub und einzelne Bäume, eine Weide am Bach, einen Kirschbaum mit reifen roten Kirschen, eine herbstlich gelb und orange flammende Kastanie" (S. 194).

Zusammenfassend lässt sich sagen, dass die Beschreibungen der Natur und der Umgebung einerseits die Handlung widerspiegeln und atmosphärisch untermalen oder Anschaulichkeit vermitteln. Andererseits haben sie die Aufgabe, das Geschehen in der Alltäglichkeit sichtbar werden zu lassen, damit die Banalität des Bösen** bewusst wird, das eben nicht immer als solches erkannt werden kann, sondern sich möglicherweise im schönen Schein verbirgt.

5 Erzähltechnik

Die Leser des Romans *Der Vorleser* sagen übereinstimmend, dass das Buch gut zu lesen ist, interessant, spannend, ja sogar packend wirkt. Der Grund dafür ist einerseits in der Thematik zu sehen, aber diese ließe sich auch langweilig darstellen, es muss also wesentlich an der Erzähltechnik liegen, dass der Roman ‚verschlungen' wird.

Erzählperspektive

Die Erzählperspektive des Romans ist so gewählt, dass sie den Leser in den Sog des Geschehens mit hineinzieht. Michael Berg ist der fiktive Ich-Erzähler, durch seine Augen und anderen Sinne nimmt der Leser die Handlung wahr. Diese Erzählperspektive betont die Authentizität der Geschehnisse, bringt die Betroffenheit und die Innenperspektive sehr gut zum Ausdruck und ermöglicht schließlich Identifikation. Ansätze von anderen Perspektiven sind vorhanden, z. B. durch die Briefe Hannas, durch die Wiedergabe von Gesprächen und – sehr versteckt – durch das Buch der Tochter. Hier wird die Perspektive der Lagerinsassen für kurze Zeit erkennbar: „... da hatte man selbst dann eine Überlebenserwartung von zwanzig Monaten, wenn man nur durchschnittliche Kräfte besaß, und man konnte immerhin hoffen, stärker als der Durchschnitt zu sein." (S. 116). Auch hier wieder wird dem Leser eine Innenperspektive geboten, was den Roman so anschaulich werden lässt.

Eine Abweichung vom epischen Erzählen fällt auf. Am Ende des 11. Kapitels des ersten Teils wird ein Gedicht wiedergegeben, das die Verliebtheit und das sexuelle Zusammensein thematisiert, die zur Ich-Findung beitragen. Hier gibt das Gedicht ein Resumee des Liebesverhältnisses (vgl. *Interpretationshilfe*, S. 49).

Zeitstruktur

Der Ich-Erzähler, der aus der Retrospektive schreibt, beachtet relativ genau die Chronologie. Er greift nicht vor. Dadurch wird Spannung aufgebaut. Dass Hanna Analphabetin ist, ahnen einige Leser schon im ersten Teil des Romans. Es gibt versteckte Hinweise, Vorausdeutungen. Beispielsweise kennt Hanna Michaels Vornamen nicht, obwohl seine Schulhefte offen auf dem Tisch liegen (vgl. S. 35). Dennoch wird der Erkenntnisprozess langsam beschrieben, und der Leser bekommt eventuell vorhandene Ahnungen erst im zehnten Kapitel des zweiten Teils bestätigt.

Eine Rückblende ist nur im zweiten Struthof-Kapitel erkennbar (II, 15). Dennoch gibt es Rückblenden dadurch, dass Michael des Öfteren die zentralen Bilder der Beziehung zu Hanna in Erinnerung kommen: „... auch das ist ein Bild, das ich von ihr habe." (S. 78). Vor allem das Kapitel 13 im zweiten Teil fasst alle diese Bilder zusammen. Neben den Bildern, die sich auf eigenes Erleben beziehen, u. a. Anziehen der Strümpfe, wehender Rock, im Arbeitszimmer des Vaters, sind es Phantasiebilder, die sich durch die Teilnahme am Prozess ergeben haben: vor allem Hanna als Aufseherin mit Reitpeitsche in mehreren möglichen Situationen, die allesamt Brutalität vermitteln. Indem im Roman mehrfach diese Bilder angesprochen werden, sind die vielfältigsten Ereignisse für den Leser immer wieder präsent. Was Thomas Mann mit der Technik des Leitmotivs erreicht, nämlich eine Aufhebung des zeitlichen Nacheinanders und eine ständige Vergegenwärtigung der unterschiedlichen Ereignisse, das gelingt Bernhard Schlink mit der Bildtechnik. Für den Leser werden dadurch die unterschiedlichen Zeiten und Handlungsstränge zusammengebunden. Hannas vorgestellte Grausamkeit im KZ-Lager wird neben ihre von Michael erlebte Brutalität gestellt und lässt sich auch mit der Äußerung der Tochter verbinden, die sich einerseits auf ihre Lagererlebnisse, andererseits auch darauf bezieht, dass Hanna Michaels Leben zerstört hat: „Was ist diese Frau brutal gewesen." (S. 202).

Im *Vorleser* wird weitgehend chronologisch erzählt. Insbesondere die letzte Kriegszeit, die Nachkriegszeit, die 68er-Bewegung werden zunächst nacheinander dargestellt oder mit anderen Worten: die Greuel der Lager und des Krieges, die Liebesgeschichte, Michaels Leben und die Versuche einer Aufarbeitung der deutschen Schande. Trotz des Nach- und Nebeneinanders schafft die Kunstfertigkeit des Aufbaus (Technik der Bilder, auffällige Parallelen) eine Einheit. Der Leser erkennt Bezüge, z. B. dass Unmenschlichkeit, Aggressivität und Brutalität zu allen Zeiten herrschten und noch herrschen. Dadurch vermittelt der Aufbau des Romans die Aussage, es habe sich prinzipiell nichts geändert, nur in der Quantität, in der Grausamkeiten, Egoismus und Verantwortungslosigkeit sich häufen, gibt es Unterschiede.

6 Sprache

Vordergründige Einfachheit

Die Sprache erscheint zunächst einfach, nüchtern und unprätentiös. Der Satzbau ist nicht zu hypotaktisch, und in der Tat gibt es viele einfache Aussagesätze, die klar formulieren, worum es geht. (Beispiele: S. 53 „Oft konnten wir nebeneinander fahren."; S. 76 „Ich sah Hanna nur ein Mal unverabredet."; S. 125 „An die freitäglichen Seminarsitzungen habe ich keine Erinnerung."). Viele Kapitelanfänge oder -enden fassen die Thematik des Kapitels zusammen und machen neugierig. Beispiele finden sich im ersten Teil in Kapitel 5, 12, 13, 14, 15, 17; im zweiten Teil in Kapitel 2, 6, 12, 17 und im dritten Teil in Kapitel 2, 4, 5, 6, 7, 10.

Sentenzen verallgemeinern das Erlebte oder Reflektierte: „Weil die Wahrheit dessen, was man redet, das ist, was man tut, kann man das Reden auch lassen." (S. 166); „Geschichte treiben heißt Brücken zwischen Vergangenheit und Gegenwart schlagen und beide Ufer beobachten und an beiden tätig werden." (S. 172); „Analphabetismus ist Unmündigkeit." (S. 178). Durch diese Sentenzen erhält das Gesagte eine philosophische Dimension. Es handelt sich nämlich um Ergebnisse von Reflexionen. Das scheinbar einfach Dargestellte erhält einen komplexen Zusammenhang. Die Sprache bleibt zwar durchgehend präzise, doch einfach wirkt sie nur auf den ersten Blick. Denn schnell fällt bei aller Genauigkeit das sprachliche Herantasten an das Geschehen auf.

Aufzählungen

Sehr häufig werden Synonyme verwendet, die meist als Dreiergruppen erscheinen, um die Sachlage immer näher darstellen zu können, was häufig auch für die psychische Analyse gilt: „Entsetzen, Scham und Schuld" (S. 100), „unfähig, unansehnlich, nichtswürdig" (S. 64), „Zuschauen, Zuhören, Protokollieren" (S. 90), Hitze, Regen, Gewitter (vgl. S. 125), „Mitreisende,

Gespräche, Gerüche" (S. 155), „verlassen, getäuscht und benutzt"
(S. 155). Zuweilen erkennt man den Dreierrhythmus auch im
Satzbau: „Sag, dass du ihnen den letzten Moment erträglich
machen wolltest. Dass das der Grund war, die Zarten und
Schwachen zu wählen. Dass es keinen anderen Grund gab,
keinen geben konnte." (S. 113). Die dreifachen dass-Sätze in Ver-
bindung mit dem doppelten Imperativ ‚Sag, sag' wirken beschwö-
rend authentisch, zumal auf derselben Seite das Konstruktions-
prinzip nochmals angewandt wird: 2-mal ‚frag' und 3-mal ‚weil'.

Zuweilen verdoppeln sich die Dreiergruppen zu Sechsergrup-
pen: Burg, Angler, Schiff, Zelt, Familie, Straßenkreuzer (vgl.
S. 53) oder „Täter, Opfer, Tote, Lebende, Überlebende und Nach-
lebende" (S. 99).

Durch diese sehr häufig auftretenden Aufzählungen kommen
Autor und Leser der Sache immer näher, wird einfühlsam Genauigkeit erreicht, wird eine präzise Aussage getroffen.

Fragen
Daneben steht die Technik des In-der-Schwebe-Haltens. Diese
Wirkung wird vor allem durch Fragen erzielt. Fragen stellen ein
durchgängiges Stilprinzip im *Vorleser* dar: „Ob sie nur ein
Machtspiel hatte gewinnen wollen." (S. 49); „Was sollte und soll
meine Generation der Nachlebenden eigentlich mit den Informationen über die Furchtbarkeit der Vernichtung der Juden
anfangen?" (S. 99).

Es handelt sich um Fragen, die die Problematik genau aufwer-
fen und die der Erzähler sich und dem Leser zum Teil beantwortet. Wenn er nicht von Hanna wegsehen kann, als diese die
Strümpfe anzieht, stellt er sich die Frage „Warum hatte ich die
Augen nicht von ihr lassen können?" (S. 17), und beantwortet
sie, allmählich immer präziser werdend: „Sie hatte nicht posiert,
nicht kokettiert." (S. 17). Michael nennt als Grund die Welt-
vergessenheit Hannas und ihre „Einladung, im Inneren des
Körpers die Welt zu vergessen." (S. 18). Andere Fragen werden
nicht beantwortet oder die Antwort wird nur angedeutet, indem

neue Fragen gestellt werden: „... das sollte es sein?" (S. 100). Oft sprechen die Fragen zentrale Probleme an: „Aber warum hätte ich ihr einen Platz in meinem Leben zubilligen sollen?" (S. 187); „Wo blieb ich?" (S. 190). Diese Fragen wirken sehr authentisch. Der Erzähler ringt mit den Dingen, bezieht den Leser ein und ermöglicht ihm auf diese Weise, sich zu identifizieren: „Geht das allen so?" (S. 64). Durch die Identifikation wird der Leser mit-einbezogen und empfindet die vielen Reflexionen in Frageform als spannend. Auffällig ist, dass auch die Fragen oft in Dreier-gruppen angeordnet werden: „Erleichternd? Beruhigend? Ange-nehm?" (S. 137).

Die Fragen zeigen auch, dass der Ich-Erzähler sich nicht als allwissend hinstellt, obwohl er zehn Jahre nach Hannas Tod mit dem Schreiben beginnt und einen Überblick über das gesamte Geschehen hat. Die Fragen drücken vielfach die Unsicherheit des Erzählers in der Beurteilung und Bewertung der Vorgänge aus. Auch dadurch ist er dem Leser näher.

Kontraste und Ambivalenzen

Die Technik des In-der-Schwebe-Haltens wird neben den vielen Fragen durch die Darstellung von Ambivalenzen, Dualismen, Kontrasten und Polaritäten bestimmt. Das ist bei der Charakte-risierung der Figuren schon erkennbar gewesen. Michael ist zugleich kaltschnäuzig und empfindsam (vgl. S. 95), Hanna ist liebevoll und erotisch anziehend und gleichzeitig herrschsüchtig und brutal. Bei der Flucht mit den Gefangenen wirkt sie einer-seits hilflos, andererseits pflichtbewusst.

Diese vielfältigen Ambivalenzen heben die Eindeutigkeit, die stilistisch zum Teil vermittelt wird, auf. Der Leser erkennt: die Welt ist komplex und kompliziert. Man kann die Dinge nicht so einfach darstellen. Es gibt oft noch eine andere Seite.

Die Ambivalenzen zeigen sich sowohl in den Charaktereigen-schaften als auch in Wendungen, die die jeweilige Weltsicht, Handlungen oder Empfindungen vermitteln. In Bezug auf Hanna wird von „gewissenloser Gewissenhaftigkeit" (S. 115)

Textanalyse und Interpretation

gesprochen. Das Gespräch mit seinem Vater fasst Michael zusammen: „Ich glaubte ihm nicht und nickte." (S. 139). Dieser Satz charakterisiert das gesamte, gespannte Verhältnis zum Vater und zu seinem Ratschlag, den Richter nicht über Hannas Analphabetismus zu informieren.

„Sehnsucht, Scham und Empörung" (S. 142) empfindet Michael, als er die Visionen der gewalttätigen und gleichzeitig ihn erregenden Hanna hat. Er will „Hannas Verbrechen zugleich verstehen und verurteilen" (S. 151), er will, dass Gerechtigkeit „für und gegen Hanna" erreicht wird, im selben Moment empfindet er: „Aber es ging mir nicht wirklich um Gerechtigkeit." (S. 153). Hier lässt die Wortwahl Schlinks („wirklich") die Intention erkennen. Die Wirklichkeit ist nicht eindeutig oder monokausal zu erklären, es gibt immer ein Nebeneinander verschiedener Aspekte. Der Mensch ist genauso kompliziert und schwer verstehbar wie die Wirklichkeit: „Ich nahm alles wahr und fühlte nichts." (S. 155). Hanna ist gleichzeitig hochmütig und verletzt bei der Urteilsverkündung (vgl. S. 157), die Geschichte des Rechts wird als „zugleich zielgerichtet und ziellos, erfolgreich und vergeblich" (S. 173) gesehen, die Kassettenkommunikation mit Hanna bezeichnet Michael als „wortreichen, wortkargen" (S. 177) Kontakt; die Tatsache, dass sie lesen gelernt hat, macht ihn „stolz auf sie" und „traurig über die Verspätungen und Verfehlungen des Lebens insgesamt." (S. 178); in Bezug auf ihren Körper nimmt er einerseits ihren frischen Geruch wahr, andererseits ist da „ein schwerer, dunkler, herber Geruch" (S. 185); ihr Aussehen findet er alt, ihre Stimme jung (vgl. S. 191); bei der Betrachtung der toten Hanna scheint ihm „im toten Gesicht das lebende auf, im alten das junge" (S. 194), er sieht „die Schönheit und Anmut der jungen Frau in der alten" (S. 198) und er hat zugleich Sehnsucht nach Hanna und wehrt sich gegen die Sehnsucht (vgl. S. 200). Indem Schlink diese gegensätzlichen, ambivalenten Empfindungen beschreibt, macht er dem Leser klar, dass Michael unfähig ist, seine wahre Emotion zu erkennen, ebenso wie er Rationales nicht mit dem

Emotionalen vereinbaren kann. Vielleicht soll auf diese Weise auch das Zugleich von Gegensätzen vermittelt werden.

Durch die formale und inhaltliche Gestaltung des Romans mit einer Fülle von Ambivalenzen – man kann sogar davon sprechen, dass Ambivalenzen, Kontraste, Dualismen genauso wie der Einsatz der Fragen durchgehende sprachliche Mittel sind, die die wesentliche Aussage des Romans transportieren, sieht man: Die Welt ist vielschichtig, ihr Wesen nicht genau erkennbar, die Charaktere sind widersprüchlich, ob die böse oder die gute Seite zu Tage tritt, ist abhängig von Ort, Zeit und Umständen. So kann es geschehen, dass die Greuel der Vergangenheit in der Wirklichkeit des musealen Konzentrationslagers nicht erkennbar sind, aber als Greuel im Umgang der Menschen miteinander zum Vorschein kommen (vgl. S. 144–152 und *Interpretationshilfe, S. 50 ff.*).

Zusammenfassung

Die Erzähltechnik und Sprache sind neben der interessanten Thematik wesentlich für den großen Erfolg des *Vorlesers* verantwortlich. Der Stil ist einerseits knapp, präzise, prägnant und damit gut verständlich, andererseits einfühlsam durch das Sich-Heranschreiben, das Einkreisen, um die treffendsten Formulierungen neben gleichzeitig ähnlich treffenden zu finden – die Vielschichtigkeit der Wirklichkeit verbietet nur eine Formulierung. Die Dreiergruppen, Aufzählungen, Wiederholungen, Differenzierungen betonen die Vielschichtigkeit, die gleichzeitig durch die Ambivalenzen unterstrichen wird. Durch diese Technik wird eine große Anschaulichkeit erreicht und der Leser kann sich identifizieren, mitfühlen, mitleiden und ist aufgefordert, die gestellten Fragen zu beantworten.

Textanalyse und Interpretation

7 Intention

Als der Roman *Der Vorleser* 1995 erschien, wurde er von der Kritik sehr positiv beurteilt. Der neue Ansatz, dass hier die Verbrechen der NS-Zeit, Verstrickung, Schuld und Aufarbeitung dem Leser nicht als Grässlichkeiten monströs präsentiert werden, sondern mit einer Liebesgeschichte kombiniert zunächst analytisch behandelt werden, hat den Roman in Deutschland und im Ausland so erfolgreich gemacht.

Der Roman ist ein Stück Aufarbeitung von Schuld, nicht primär der Schuld der NS-Täter, sondern der Aufarbeitung des Themas Verstrickung und Verantwortung durch die Nachkriegsgeneration. Der Roman zeigt, dass Hanna ihre Schuld eingesehen und gebüßt hat. Er lässt aber auch erkennen, wie vordergründig Aufarbeitung durch die 68er-Generation versucht worden ist (vgl. „Avantgarde der Aufarbeitung", S. 87). Am Beispiel Michael Bergs sieht man schließlich, dass Schuld und Verantwortung zwar gesehen, aber aus egoistischen Gründen nicht übernommen werden. Und insofern ist der Ich-Erzähler Michael Berg, der dem Leser sein ganzes Denken und Fühlen offenbart, ein typischer Vertreter der Menschheit.

Für den heutigen Leser sind die NS-Greuel Geschichte, wie das KZ Struthof eine museale Einrichtung ist. Das Problem der Verantwortung aber ist ein aktuelles Problem, das jeden Leser immer wieder angeht. *Der Vorleser* ist kein Roman, der die NS-Verbrechen verharmlost, indem er Hanna Schmitz nicht als Verkörperung des Bösen darstellt, sondern als eine fast normale Frau, die sich letztlich nur ins Böse verstrickt, weil sie eine persönliche Schwäche verbergen will. Dieser Roman versucht, das Problem Verantwortung allgemeiner darzustellen, so dass der Leser in seiner heutigen Wirklichkeit angesprochen ist. Aufgrund seines Alters und seiner Familie hat Michael Berg nichts mit dem Nationalsozialismus zu tun. Es geht dem Autor darum zu zeigen, wie der Mensch in der Normalität scheitert – Michael ist aufgrund seines Herkommens und seiner Intelligenz sogar ein vom Leben begünstigter Mensch – und welche Gründe dafür maßgebend sind. Als Fünfzehnjähriger ist er in der scheinbar glücklichen Lage, seinen Trieb ausleben zu können. Dass es sich nur um ein scheinbares Glück handelt, weil er letztlich missbraucht wird, merkt er erst später. Hier kann keine Schuld gesehen werden, weil er sich nicht selbst bestimmen kann und von Hanna verführt wird. In seinem ganzen Verhalten Hanna gegenüber wird er schuldig. Er sieht seine Schuld ein: „Dann habe ich begonnen, sie zu verraten." (S. 72). Auch später weiß er um seine Schuld, stellt sich ihr aber nicht. Er versagt mehrfach. Zunächst hilft er Hanna nicht, ihren Analphabetismus zu bekennen. Dadurch wird sie zu einer lebenslangen Haft verurteilt. Während der Haft besucht er sie nicht, schreibt nicht und ist nur unwillig bereit, ihr nach der Entlassung zu helfen. Zum Grab geht er nur ein Mal. An diesen Beispielen ist die übliche Verantwortungslosigkeit zu sehen, die in der Lieblosigkeit, Gleichgültigkeit und Ich-Bezogenheit der Menschen zu sehen ist: „Ich hatte Hanna eine kleine Nische zugebilligt, durchaus eine Nische, die mir wichtig war, die mir etwas gab und für die ich etwas tat, aber keinen Platz in meinem Leben." (S. 187).

In diesem Verhalten kann sich der Leser wiederfinden, auch wenn es in der heutigen Wirklichkeit nicht um Selektionen für Auschwitz geht. Der Leser soll aber erkennen, dass er selektioniert, nur anders als zur NS-Zeit, nämlich durch Vorurteile, Gleichgültigkeit und Egoismus. Es ist eine besondere künstlerische Leistung Schlinks, prinzipielle Entsprechungen im Verhalten der Menschen aufzuzeigen, indem er die Geschichte zwischen Michael und Hanna mit der Geschichte der NS-Zeit verbindet. Michael macht sich zwar Vorwürfe, eine Verbrecherin geliebt zu haben, er zieht aber keine Konsequenzen daraus, bleibt selbstsüchtig und verantwortungslos.

Es muss betont werden, dass Schlink keinesfalls qualitative Entsprechungen sieht. Es ist sicher ein Unterschied, ob Menschen zu Tode gequält werden oder ob ein Behinderter ‚nur' mit Zigarettenkippen beworfen wird, ob einer Analphabetin ‚nur' nicht geholfen wird, ihren Makel zuzugeben, damit sie vor einer lebenslänglichen Haftstrafe bewahrt wird. Dahinter steckt aber dieselbe Geisteshaltung, die ein erneutes Auschwitz prinzipiell immer wieder möglich machen würde.

Damit ist Schlinks Roman auch eine Antwort auf die Frage, die nach Martin Walsers Friedenspreisrede im Oktober 1998 immer wieder gestellt wird: Wie gehen wir als Deutsche mit der Geschichte der NS-Zeit um? Schlink benutzt nicht die Auschwitz-Keule, vor der Walser gewarnt hat, sondern zeigt sehr eindrucksvoll, wie Auschwitz und unser Verhalten miteinander verbunden sind und sich wechselseitig hinsichtlich der Geisteshaltung erklären. Insofern hat der Kritiker Claus-Ulrich Bielefeld in seiner Rezension in der Süddeutschen Zeitung vom 4./5. November 1995 (vgl. *Interpretationshilfe*, S. 57 f.) nicht Recht, wenn er in Bezug auf Schlinks Roman behauptet – Hannah Arendt zitierend –, dass „das Wort versagt". Durch das kunstvolle sprachliche und thematische Beziehungsgeflecht hat Schlink gerade eine Beziehung zwischen Greueln und Normalität hergestellt, in der die „Banalität des Bösen"** (Hannah Arendt) deutlich wird.

8 Interpretation ausgewählter Stellen

Interpretation des Kapitels I, 2: Der Traum vom Haus

Aus dem Lesetagebuch von Charlotte Mecking (Schülerin am Euregio-Gymnasium in Bocholt)

In dem Buch *Der Vorleser* von Bernhard Schlink wird auf den Seiten 8–11 ein Traum beschrieben, den Michael oft träumt.

In dem Traum geht es um ein Haus, das Michael immer wieder begegnet, in verschiedenen Städten. Das Haus entspricht dem Haus, in dem Hanna gewohnt hat, als Michael sie kennen lernte. Michael beschreibt es als herrschaftlich, aber düster (S. 9). Das Haus wird für Michael zum Symbol. Es stellt Hannas Charakter und ihre Psyche dar. Sie ist, nach seiner Vorstellung vom Haus, eine starke, besondere Frau, aber es gibt eine dunkle Seite in ihrem Charakter: ihre Erlebnisse im KZ-Lager. Michaels Vorstellung von ihr verändert sich nicht, er sieht sie weder rosiger noch böser.

Hanna wird im Traum weiter analysiert. Das Haus zeigt deutlich Verschlossenheit und Distanz, es verkörpert Hannas Bemühen, nichts von sich preiszugeben: „Die Brandmauern lassen das Haus abgeschnitten, unzulänglich aussehen." (S. 10). Sie lässt niemanden in sich ‚hineinschauen': „Aber die Fenster sind ganz staubig und lassen in den Räumen nichts erkennen,…" (S. 10), aber gleichzeitig ist sie blind in Bezug auf andere Menschen. Sie ist nicht mehr fähig, sich in andere hineinzuversetzen, weil sie ihre ganze Kraft daran setzt, Abstand zu wahren.

„In einem Häuserviertel, das ich nicht kenne, steht es [das Haus] in einer Häuserzeile." (S. 9). Erinnerungen an Hanna begegnen Michael immer wieder in seinem Leben, in einer neuen Umgebung, einem neuen Lebensabschnitt. Ihm kommen diese Erinnerungen plötzlich, sie werden nicht von ihm hervorgeholt, sondern sie kommen von allein: „Ich gehe weiter, verwirrt, weil ich das Haus, aber nicht das Stadtviertel kenne." (S. 9). Das zeigt, wie sehr sich sein Unterbewusstsein immer noch mit der Beziehung zu Hanna beschäftigt.

Michael erkennt das Haus wieder, aber er erinnert sich, es in fremder Umgebung gesehen zu haben. Wo es in Wirklichkeit steht, wird ihm nicht bewusst: „Dabei denke ich nicht an die Bahnhofstraße in meiner Heimatstadt, sondern an eine andere Stadt oder ein anderes Land." (S. 9). Die Erlebnisse mit Hanna selbst lassen sich nicht so leicht abrufen wie die Situationen, in denen er sich an diese Erlebnisse erinnert hat, weil Michael diese so weit wie möglich verdrängt hat.

Das Erinnern an Hanna erschreckt Michael nicht, es gibt ihm vielmehr das Gefühl der Vertrautheit und der neue Lebensabschnitt ist ihm dadurch nicht mehr so fremd, es bekommt sogar etwas durchaus Erfreuliches: „Mit dieser geträumten Erinnerung bin ich beruhigt." (S. 9).

Es ist typisch für einen Traum, dass Michael sich über etwas, das eigentlich überraschend ist, nicht wundert. Er findet es hier nicht seltsam, einen alten Freund in fremder Umgebung wiederzutreffen. Mit dieser Begegnung vergleicht er seine Gedanken an Hanna. Das Begegnen mit etwas Vertrautem in der Fremde lässt den Kontrast deutlich ins Auge fallen. In einer solchen Situation wird die Beziehung zum Bekannten viel intensiver und stärker werden, weil man dadurch eine größere Sicherheit spürt. Selbst wenn Michael normalerweise vielleicht nicht so einen großen Wert auf die Erinnerungen legt, schätzt er sie jetzt, weil er einsam ist, mehr, denn er braucht sie.

In einer anderen Variation des Traumes entdeckt Michael das Haus auf dem Land. Er sieht sich selbst im Auto, eine Metapher dafür, dass er einen Schutzwall um sich gebaut hat, er schließt den Rest der Welt aus. Wenn er an Hanna denkt, verlässt er diese Schutzhülle. Er ist in seinen Träumen immer alleine, er lässt andere nicht an seiner Vergangenheit teilhaben. Dadurch kann er zwar nicht verletzt werden, aber dafür ist er einsam.

Michael bemerkt, dass das Haus nicht in die Umgebung passt: Dies zeigt, dass die Erinnerungen an Hanna nicht in diesen Teil seines Lebens passen. Trotzdem scheinen sie ihm sehr wichtig zu sein, er will keine Einzige dadurch verlieren, dass er nicht hartnäckig genug hinter ihnen ‚herjagt': „Ich habe Angst, zu spät zu kommen, und fahre schneller." (S. 10).

Das Leben Michaels verläuft ziemlich gleichmäßig, ohne große Höhen und Tiefen, ohne Spannung und unerwartete Ereignisse. Nur die Erinnerungen an Hanna heben sich daraus hervor: „Es [das Haus] ist von Feldern umgeben, [...] Die Gegend ist flach, allenfalls hügelig." (S. 10).

Die ganze Stimmung um das Haus ist erregt und gespannt: „... die Luft flimmert, die Straße glänzt vor Hitze." (S. 10); das ist die sexuelle Erregung, die die Erinnerungen bei Michael hervorrufen. Es klingt aber auch nach einer dramatischen Auseinandersetzung, wie in einem Westernfilm, wenn die beiden Rivalen endlich aufeinander treffen.

Während Michael zum Haus geht, spürt er, dass alles um ihn herum tot ist. Daraus kann man schließen, dass eine Beziehung zwischen ihm und Hanna nicht mehr möglich, dass die Realisierung verpasst ist.

Das Ende aller Träume ist gleich: Michael will in das Haus, aber bevor klar ist, ob die Tür abgeschlossen ist oder nicht, wacht er auf. Michael ist bereit, sich der Vergangenheit zu stellen, aber weil er nicht weiß, wie Hanna reagieren wird, kann er dem Traum kein eindeutiges Ende geben.

Dieser Traum, der schon beschrieben wird, bevor man überhaupt von der Beziehung erfährt, deutet das Ende voraus. Er beschreibt die Hauptinhalte des Buches: Michael ist sein ganzes Leben lang von Hanna abhängig, er will aber damit fertig werden.

Interpretation des Kapitels I, 11: Der Ausflug mit dem Fahrrad

Das 11. Kapitel des ersten Teils berichtet über eine der wenigen Unternehmungen, die Hanna und Michael außerhalb von Hannas Wohnung erleben. Sie machen vom Ostermontag an einen viertägigen Radausflug in die Umgebung von Heidelberg.

Das Kapitel ist in Thematik und Machart typisch für den ersten Romanteil. Das ambivalente Verhältnis der beiden Protagonisten (Streit – Liebe) wird verdeutlicht, ebenso wird dem Leser klar, wie ungleich das Paar doch ist, das sich als Mutter und Sohn in den Hotels in die Meldeformulare einträgt. Das „Jungchen" organisiert alles, liest die Straßenkarte, Wegschilder, Speisekarten, und die Analphabetin versucht klug, ihre Schwäche zu vertuschen: „Du machst das schon richtig, Jungchen." (S. 52); „Ich mag's, mich mal um nichts zu kümmern." (S. 54).

Beide haben den Eindruck, dass ihr Ausflug wichtig ist, um sich der Welt zu öffnen, um nicht immer nur das alltägliche „Ritual des Vorlesens, Duschens, Liebens und Beieinanderliegens" (S. 51) zu praktizieren. Sie hatten so etwas wie Einerlei und Festgefahrensein gespürt. Durch Erwähnung des Rituals wird dem Leser in Erinnerung gerufen, wodurch das Verhältnis eigentlich primär bestimmt ist; Vorlesen als Ersatz für Selbstnicht-Können, Duschen als symbolische Reinigung, Lieben als Triebbefriedigung. Lediglich das Beieinanderliegen ist zweckfrei und zärtlich. Auch der Ausflug ist zweckfrei, und Michael stellt fest, dass ihr Verhältnis in dieser Zeit trotz der ersten Streitigkeiten glücklich war: „Wir waren nie glücklicher als in jenen Aprilwochen." (S. 51).

Die Erzählweise ist recht realistisch. Der Ausflug wird nicht wie eine abgehobene Veranstaltung dargestellt, sondern glaubwürdig in seinen Umständen. Die Schwindeleien den Eltern gegenüber, die Geldbeschaffung (Verkauf der Briefmarkensammlung), die Reisevorbereitungen, das gemeinsame Fahren, die sexuellen Kontakte, der Streit mit Hannas verletzendem, blutigem Schlag und ihre ohnmächtige Wut, sowie die Versöhnung werden präzise, genau und nachvollziehbar beschrieben. Die Erzählweise wirkt sehr authentisch: „Ich weiß nicht mehr, was ich meinen Eltern gesagt habe. Dass ich die Fahrt mit meinem Freund Matthias mache? Mit einer Gruppe? Dass ich einen ehemaligen Klassenkameraden besuche?" (S. 51). Die Gruppe von drei Fragen beteiligt den Leser, die wahrscheinlichste der Lügen auszuwählen. Die Fragen sind also keine rhetorischen, sondern echte, den Leser ansprechende. Zum Teil werden auch mögliche Argumente aus der Diskussion mit den Eltern wiedergegeben: „Hatte ich nicht gerade die Klasse geschafft, was mir niemand zugetraut hätte?" (S. 51).

Wenn der Leser liest: „Wir brachen am Ostermontag auf. Die Sonne schien, und sie schien vier Tage lang." (S. 52), ist ihm die Szene sehr anschaulich vor Augen. Eigene Erfahrungen mit den schönen Frühlingstagen werden kombiniert mit einer detaillierten Beschreibung der Umgebung, die verschiedenen Grüntöne werden angesprochen: „mit gelbgrünen, hellgrünen, flaschengrünen, blau- und schwarzgrünen Tupfern, Flecken und Flächen", die Dreiergruppen fallen auf (vgl. Ausführungen zur Sprache *Interpretationshilfe*, S. 36 ff.), sie dienen wie die Wiederholung „Die Sonne schien, und sie schien vier Tage lang" (S. 52) der Intensivierung der Aussage, die Bilder erhalten eine sinnliche

Kraft. Das Blühen der eigentlich zu unterschiedlichen Zeiten blühenden Blüten der Forsythien und der Obstbäume werden hier – was aufgrund der unterschiedlichen Höhenlagen realistisch ist – zu einer Gleichzeitigkeit gebracht. Auch dadurch wird die Vorstellungskraft des Lesers intensiviert. Michael zeichnet ein wunderschönes, farbenprächtiges, für die Sinne sehr ansprechendes Bild der frühlingshaften Natur, in das sich das Blau von Hannas Kleid harmonisch einpasst. Für Michael wird das Bild des blauen Kleides, „dessen weiter Rock im Fahrtwind flatterte" zu einem zentralen Bild, das er immer wieder vor Augen hat und das er mit anderen Bildern kombiniert (vgl. S. 141). Das Vorkommen eines solchen leitmotivischen Bildes verbindet dieses Kapitel mit den anderen Teilen des Romans, so dass der Leser in der hier dargestellten Idylle durch die Assoziierung der anderen Bilder eine Verbindung zur grausamen Hanna erhält. In der frühlingshaften Natur taucht aufgrund der formalen Anlage und der Erzähltechnik das Grauen des KZ auf. Auf S. 141 stellt der Autor deutlich das Bild des blauen Kleides neben die Visionen von der Kommandos schreienden Hanna mit Reitpeitsche. Hier wird sozusagen eine Überblendregelung angewandt, um eine Gleichzeitigkeit, eine Präsenz des Erzählten zu erreichen. Schlink benutzt diese Technik auch in anderen Zusammenhängen: „... schien im toten Gesicht das lebende auf, im alten das junge." (S. 197).

Dass in diesem Kapitel aufgrund der Erzähltechnik in der Idylle auch Bedrohung erscheint, passt zum weiteren Verlauf des Geschehens. Als Michael Hanna an einem Morgen etwas besonders Gutes tun will und Frühstück und eine Rose besorgt, ihr das auf einem Zettel mitteilt, ist die Analphabetin außer sich vor Angst, Not und Verzweiflung. Ihr Gesicht wird als „weiß" beschrieben, sie zittert scheinbar vor Wut, so wirkt das auf den Erzähler, der hier dem Leser noch nicht mitteilt, dass es sich eher um ein Zittern aus Angst handelt, denn die Analphabetin fühlt sich allein gelassen und ohne ihren Führer hilflos, sie würde kaum nach Hause finden, sie ist existenziell aufgeworfen. Deshalb schlägt sie ihn brutal mit dem Ledergürtel. Bisher war sie im Verhältnis die Starke, Herrschende, jetzt spürt sie aufgrund des Analphabetismus ihre Unterlegenheit. Aus Schwäche wird sie brutal. So hat sie ihre Vorleserinnen, damit keine langfristig ihren Makel durchschaut, zurück nach Auschwitz in den Tod geschickt. Sehr treffend wird beschrieben, wie Hanna außer sich ist:

> „Ihr Gesicht verlor alle Form. Aufgerissene Augen, aufge-rissener Mund, die Lider nach den ersten Tränen ver-quollen, rote Flecken auf Wange und Hals. Aus ihrem Mund kamen krächzende, kehlige Laute ..." (S. 54).

Schlink liefert hier eine meisterhafte Beschreibung der sich äußernden, bildlich sichtbaren Unmündigkeit (vgl. S. 178: „Analphabetismus ist Unmündigkeit."). Der Unterschied zur mündigen Professorenfamilie fällt Michael auf: „Bei uns zu Hause weinte man nicht so." (S. 55).

Wenn bei der Beschreibung von Hannas Verzweiflung ihre krächzenden, kehligen Laute mit dem „tonlosen Schrei, wenn wir uns liebten" angesprochen werden, lässt sich direkt eine Ver-bindung zur Sexualität herstellen. Und in der Tat kommt es nach der blutigen Auseinandersetzung zu einem sehr befriedigenden Geschlechtsverkehr. Es ist nicht abwegig, hier sadistische, viel-leicht sogar sado-masochistische Züge zu sehen.

In dem Kapitel I, 11 kann man den Höhepunkt und gleichzeitig Wendepunkt im Verhältnis des Paares sehen. Michael stellt fest: „Der Streit hat unser Verhältnis zueinander inniger gemacht. Ich hatte sie weinen sehen, Hanna, die auch weinte, war mir näher als Hanna, die nur stark war." (S. 56). Der Liebesakt ändert sich auch, wird weniger ichbezogen, sie ergreifen nicht mehr nur Besitz voneinander (vgl. S. 57). Dass ein Wendepunkt erreicht ist, lässt sich daran sehen, dass Michael kurz darauf feststellt: „Der Sommer war der Gleitflug unserer Liebe." (S. 67).

Das Kapitel schließt mit einem Gedicht, dem einzigen im Roman, dadurch wird das Kapitel zu einem besonderen. Es stellt das Öffnen, Versinken, Vergehen in der Liebe dar, wodurch eine Identitätsfindung erfahren wird.

„Dann
bin ich ich
und bist du du." (S. 57)

Michael stellt zwar fest: „Als Gedicht ist es nichts wert." (S. 57).
Es handelt sich um eine einfache Aussage, doch die sprachlich-
formale Anlage ist interessant. Das dreimalige „wenn" kann
sowohl als Konjunktion der Zeit wie auch der Bedingung aufge-
fasst werden. Das Öffnen findet selten statt, so dass das Gedicht
auch einen Aufforderungscharakter an Hanna hat. Das Ineinan-
der der Liebenden wird sehr schön durch die Dreiergruppen der
Personalpronomen unterstrichen „du dich mir" und „ich dir
mich". Die Personalpronomen „ich" und „du" werden in der
vierten und sechsten Zeile mit der Präposition „in" verbunden.
Durch das variierende Wiederholen wird „versinken" besonders
betont und in Bezug auf „vergehen" wird die Wortstellung,
syntaktisch nicht ganz korrekt, eine sprachliche Entsprechung zu
Überkommen und Vergehen.

Im letzten Teil steht das „Dann" exponiert am Anfang und
wird dadurch besonders betont. Die zweifache Wiederholung
„ich ich" und „du du" macht auf den Identitätsgewinn aufmerk-
sam.

Interpretation der Kapitel II, 14 und 15: Besuche in Struthof

Als dem Protagonisten und Ich-Erzähler Michael Berg während
des Prozesses gegen seine frühere Geliebte Hanna bewusst wird,
wie wenig er sich die Situation in einem Konzentrationslager
vorstellen kann („... wie wenig Anschauung es eigentlich gab,
wie wenig Bilder, die das Leben und Morden in den Lagern ver-
gegenwärtigten" S. 142), beschließt er, zum elsässischen Konzentrationslager Struthof zu fahren.

Es ist aber nicht die museale Einrichtung des Konzentrationslagers, sondern es sind die Begegnungen mit den Menschen auf
dem Weg nach Struthof und in der Umgebung des ehemaligen
Konzentrationslagers, die bedeutsam sind und zu Michaels Ziel

Textanalyse und Interpretation

führen, Anschauung zu erhalten. Nicht die Vergangenheit, sondern die Gegenwart vermittelt anschauliche Bilder von der teils bösartigen, aggressiven, verantwortungslosen, teils aber auch nur gleichgültigen Natur des Menschen.

Indem Michael nach Struthof per Anhalter fährt, was zur Zeit der Handlung nichts Ungewöhnliches ist, begegnet er mehreren Autofahrern. Da ist zunächst ein LKW-Fahrer, der „eine Flasche Bier nach der anderen leerte" (S. 144), zweifellos ein verantwortungsloses Handeln. Der Mercedes-Fahrer, „der mit weißen Handschuhen steuerte" (S. 144) soll wohl einen Menschen darstellen, der seine Hände sinnbildlich in Unschuld wäscht. Einen dritten Fahrer beschreibt der Erzähler, indem er ihn mit einem Schuldsymbol versieht: „ein dunkelrotes Mutter- oder Brandmal" (S. 144). Im Übrigen beschreibt er ihn als einen Hitler-Typus: „strähnig gekämmtes, akkurat gescheiteltes schwarzes Haar" (S. 144). Dieser Fahrer scheint mit nationalsozialistischen Greueltaten in Verbindung zu stehen. Als Michael ihm das Ziel und den Anlass der Fahrt nennt, fragt er möglicherweise ironisch – der Autor lässt das, wie so oft, in der Schwebe, indem er ein „vielleicht" (S. 145) hinzusetzt –: „Ah, Sie wollen verstehen, warum Menschen so furchtbare Sachen machen können." (S. 145). Er nennt Michael die üblichen Motive beim Töten von Menschen: Leidenschaft, Liebe, Hass, Ehre, Rache sowie das Bedürfnis nach Macht und Reichtum. Er erwähnt auch den Befehlsnotstand. In einer Reihe von rhetorischen, sehr aufgeregt formulierten Fragen, die seine innere Beteiligung und Erregung widerspiegeln, weist der Fahrer alle diese Motive zurück und vergleicht das Töten in Konzentrationslagern und beim Erschießen von Juden mit der Tätigkeit des Henkers:

> „Der Henker befolgt keine Befehle. Er tut seine Arbeit, hasst die nicht, die er hinrichtet, rächt sich nicht an ihnen, bringt sie nicht um, weil sie ihm im Weg stehen oder ihn bedrohen oder angreifen. Sie sind ihm völlig gleichgültig. Sie sind ihm so gleichgültig, dass er sie ebenso gut töten wie nicht töten kann." (S. 146).

Durch die Wiederholung der Adjektivs „gleichgültig" und den Hinweis auf die Belanglosigkeit der Tätigkeit „ebenso gut töten wie nicht töten" will er die Schuld der Täter herunterspielen und damit zum Ausdruck bringen, dass es gar nichts Furchtbares sei, was geschehen ist. Seine Worte klingen sehr aggressiv und provokativ, gleichsam als wolle er seinem Mitfahrer zu verstehen geben, dass seine Einstellung Humanitätsduselei sei (S. 146):

> „Kein ‚aber'? Kommen Sie, sagen Sie, dass ein Mensch einem anderen so gleichgültig nicht sein darf. Haben Sie das nicht gelernt? Solidarität mit allem, was Menschenantlitz trägt? Würde des Menschen? Ehrfurcht vor dem Leben?"

Der Autor erhöht die provokative Wirkung dieser Worte, indem er den Fahrer hektisch monologisieren lässt und nur Michaels Reaktion beschreibt: „Ich war empört und hilflos. Ich suchte nach einem Wort, einem Satz, der das, was er gesagt hatte, auslöschen und ihm die Sprache verschlagen würde." (S. 146). Aber das gelingt Michael erst später. Zunächst beredet der Fahrer ihn überfallartig weiter, indem er von einem Foto berichtet, das er gesehen haben will, welches eine Erschießung von Juden zeigt. Diese Erschießung sei von einem Offizier geleitet worden, der auf einem Sims sitzt (S. 146 f.):

> „Er kuckt ein bisschen verdrießlich. Vielleicht geht es ihm nicht schnell genug voran. Er hat aber auch etwas Zufriedenes, sogar Vergnügtes im Gesicht, vielleicht weil immerhin das Tagwerk geschieht und bald Feierabend ist."

Mit diesen Worten wird dem Leser das Böse wiederum aus einer Art Henker-Perspektive gezeigt: Es war alles nicht so schlimm, man hat sein Tagwerk, seine Pflicht getan, auf jeden Fall nichts Böses. Diese Beispiele dokumentieren Hannah Ahrendts Ausspruch von der „Banalität des Bösen"** im Zusammenhang mit dem Eichmann-Prozess. Die Nazi-Täter wissen zwar, dass sie Unrecht begangen haben, wollen es sich aber nicht eingestehen und verdrängen ihre Schuld. Hätten sie ständig ein schlechtes Gewissen gehabt, hätte die Tötungs-Maschinerie nicht so ‚gut' funktionieren können. Das Bewusstsein, Unrecht

Textanalyse und Interpretation

zu tun, hätte die Arbeit möglicherweise belastet. Hier macht der Autor wiederum deutlich, dass es oft banale Gründe sind, die das kaum vorstellbare, grauenhafte Geschehen in den Konzentrationslagern bewirkt haben. Nachdem der Leser am Beispiel Hannas erfahren hat, dass ganz unpolitische, höchst banale Motive zum Eintritt in die SS und zur Übernahme einer Aufseherinnentätigkeit in einem KZ führen können, gewinnt er hier den Einblick in die fehlenden Beweggründe für das zum Bösen führende Handeln: die Arbeit wird völlig gleichgültig getan, als Tagwerk, danach ist Feierabend.

Auf die Banalität des Bösen wird auch durch die Beschreibung der Umgebung und der Natur verwiesen. Zu Beginn der Fahrt mit dem mutmaßlichen Täter werden die Hügel der Vogesen beschrieben, die Weinberge, „ein sich weit öffnendes, sachte ansteigendes Tal" (S. 145). Lediglich die Erwähnung des Steinbruchs könnte als ein Störfaktor in der Idylle angesehen werden. Einmal wegen der Stimmigkeit des Bildes, zum anderen weil die im Zusammenhang mit dem Foto angesprochene Judenerschießung in einem Steinbruch geschieht. Auch zum Ende des Kapitels kontrastiert die idyllische Naturbeschreibung mit der Darstellung der menschlichen Perversität: „Ich hörte Vögel, den Wind in den Bäumen, manchmal das Rauschen eines Bachs." (S. 147).

Nachdem Michael die Erzählung von den auf dem Foto angesprochenen Geschehnissen gehört hat, findet er das Wort, das dem Fahrer „die Sprache verschlagen würde" (S. 146): „Waren Sie das? Haben Sie auf dem Sims gesessen und…" (S. 147). Er kann nicht zu Ende sprechen. Vom Fahrer sagt Michael: „Er hielt an. Er war ganz bleich, und das Mal an seiner Schläfe leuchtete. ,Raus!'" (S. 147).

Indem der Fahrer sehr aggressiv das Auto wendet und durch die Kurven lenkt, macht er sich zusätzlich verdächtig, der Offizier auf dem Foto gewesen zu sein.

Jahre später, etwa in der Zeit des Aufschreibens seiner Erlebnisse (S. 148: „unlängst"), besucht Michael Berg Struthof noch einmal, und zwar im Winter.

Ein kalter Tag ist sicherlich geeignet, sich Anschauung von den Greueltaten zu verschaffen. Der Erzähler versucht, sich das Leben und Leiden im Lager vorzustellen. „Aber es war alles vergeblich, und ich hatte das Gefühl kläglichen, beschämenden Versagens." (S. 149).

Nicht einmal die winterliche Atmosphäre kann dazu beitragen, die menschliche Kälte anschaulich werden zu lassen. In der Beschreibung werden stattdessen idyllische Bilder hervorgerufen. Die Bäume werden als „weiß bepuderte" (S. 148) dargestellt. Selbst die Wachtürme, Symbole der Grausamkeit, sind zwar „graublau" gestrichen und müssten kalt wirken, für den Erzähler kontrastieren sie aber „freundlich mit dem Schnee". Der Schnee bedeckt die Vergangenheit, der Boden des Lagers „hätte ein Rodelhang für Kinder sein können, die in den freundlichen Baracken mit den gemütlichen Sprossenfenstern Winterferien machen und gleich zu Kuchen und heißer Schokolade hereingerufen werden." (S. 148).

Auch in diesem Kapitel weist die Idylle auf die bereits angesprochene Äußerung Hannah Ahrendts von der „Banalität des Bösen"** hin. Das Böse verbirgt sich oft hinter dem idyllischen Schein. Hier wird mehrfach darauf hingewiesen, z. B. auch in der Darstellung der Gaskammer (einem Restaurant gegenüber!): Das Haus „war weiß gestrichen, hatte sandsteingefasste Türen und Fenster und hätte eine Scheune oder ein Schuppen sein können oder ein Wohngebäude für Dienstboten." (S. 149). Bezeichnenderweise ist alles geschlossen. Es gelingt nicht, in die Vergangenheit einzudringen. Auch bei diesem späteren Besuch vermag der Erzähler nicht, sich Leiden, menschliche Abgründe und Schuld vorzustellen. Erst die Gegenwart macht schuldhaftes Verhalten anschaulich. Dass der Schauplatz jetzt Frankreich ist, soll deutsche Verantwortung nicht relativieren, sondern auch darauf hinweisen, dass das Böse allgegenwärtig sein kann.

Der Bezug zu Hanna, und damit auch zum KZ-Prozess und zu Michaels Verstricktheit wird in dieser Situation durch den Namen des Restaurants, in dem der Erzähler einkehrt, hergestellt:

„Au Petit Garçon" (S. 150), wörtlich übersetzt: „Zum Jungchen". Der Kosename, mit dem Hanna ihren jungen Geliebten Michael belegt hat, lässt den Leser am Ort des Konzentrationslagers die Geschichte mit Hanna vergegenwärtigen. Gleichzeitig wird ihm durch die Erinnerung des Erzählers an ein Erlebnis bei seinem ersten Besuch in Struthof eine lebendige Anschauung von inhumanem Verhalten vermittelt.

Damals hat Michael Berg in einem Dorfgasthof gesessen und am Nachbartisch vier lärmende Kartenspieler beobachtet, die einen neu angekommenen Gast mit Holzbein und in kurzen Hosen mit Kippen bewarfen: „Der Mann an der Theke flatterte mit den Händen um seinen Hinterkopf, als wolle er Fliegen abwehren. Der Wirt stellte ihm das Bier hin. Niemand sagte etwas." Michael ist empört über das aggressive Verhalten einem scheinbar Unterlegenen und Ausgegrenzten gegenüber. Er schreitet ein: „Ich hielt es nicht aus, sprang auf und trat an den Nachbartisch. ‚Hören Sie auf!'" Doch etwas Überraschendes geschieht:

„In dem Moment humpelte der Mann in hüpfenden Sprüngen heran, nestelte an seinem Bein, hatte das Holzbein plötzlich in beiden Händen, schlug es krachend auf den Tisch, dass die Gläser und Aschenbecher tanzten, und ließ sich auf den freien Stuhl fallen. Dabei lachte er mit zahnlosem Mund ein quiekendes Lachen, und die anderen lachten mit, ein dröhnendes Bierlachen. ‚Hören Sie auf', lachten sie und zeigten auf mich, ‚hören Sie auf.'" (S. 151).

Diese Textstelle ist schwer zu verstehen. Die Hilfe für den Behinderten wird lächerlich gemacht, da der Mann mit dem Holzbein sich offensichtlich an Torturen gewöhnt hat und sich mit den Peinigern zu solidarisieren scheint, vielleicht als Anbiederung den Starken gegenüber, denen er auf diese Weise ihre Aggressivität nehmen will. Die Textstelle verdeutlicht aber auch dem Leser die Schwierigkeit, unmenschliches Verhalten richtig zu erkennen und einzuschätzen. Damit wird ein allgemeines Problem dargestellt: Wann sollen wir die parzivalsche Mitleidsfrage stellen?

Vielleicht wird durch diese Begebenheit auch die schnell geäußerte Kritik der Jugend der 60er- und 70er-Jahre an der Vätergeneration in Frage gestellt. Diese Jugend zeigte wenig Verständnis für die individuelle Problematik der Vorfahren.

Das Erlebnis mit den Kartenspielern und dem Behinderten führt trotz des fürsorglichen und verantwortungsvollen Eingreifens zu einem unbefriedigenden Ergebnis: der human Denkende und Handelnde wird nicht als der Sieger dargestellt. Der Autor hält die Einschätzung und Bewertung in der Schwebe. Die Geschehnisse sind nicht so eindeutig, wie wir sie gerne hätten.

Diese Tatsache wird durch die Beschreibung der folgenden stürmischen Nacht und Michaels Schlaflosigkeit unterstrichen. Michael kann aufgrund seiner inneren Unruhe, seiner Unfähigkeit, die Wirklichkeit zu erkennen, und dem sich daraus ergebenden Konflikt nicht schlafen. Er betont ausdrücklich, dass es nicht die Geräusche der stürmischen Nacht sind, die ihn nicht schlafen lassen: „Mir war nicht kalt, und das Heulen des Winds, das Knarren des Baums vor dem Fenster und das gelegentliche Schlagen eines Ladens waren nicht so laut, dass ich darum nicht hätte schlafen könnnen." Das Ereignis im Dorfgasthof – das Heulen des Windes ist hier nur literarisches Mittel, um das Gefühl der Bedrohung zu verdeutlichen – führt dazu, dass Michael „innerlich immer unruhiger" und ängstlicher wird, so dass er „auch äußerlich am ganzen Körper zitterte." (S. 151).

Der Besuch des Konzentrationslagers konnte die Anschaulichkeit über das Handeln der Menschen, ihre Schuld und ihren Umgang mit ihrer Verantwortung nicht vermitteln. Nach der Rückkehr an seinen Wohnort stellt Michael fest: „Aber die fremde Welt der Konzentrationslager war mir darum nicht näher gerückt." (S. 152).

Nur durch die Begegnung mit den gegenwärtig lebenden Menschen tritt dem Erzähler das Böse bildhaft vor Augen, erhält er Anschauung von der Verantwortungslosigkeit, von der Aggressivität, von der Schuld der Menschen, die der Ausflug ins museale KZ nicht vermitteln konnte.

Rezeptionsgeschichte

Die überwiegende Mehrheit der bislang erschienenen Rezensionen (vgl. *Interpretationshilfe*, S. 59) bespricht den Roman recht positiv. „Schlink als großer Erzähler" – so ordnet ihn Thomas Klingenmaier ein. Michael Stolleis hebt die „einfühlsame und transparente Sprache" hervor, auch in den Details sei sie „von oft erstaunlicher Präzision". Man könne an einen idealistischen Entwicklungsroman denken, der möglicherweise das Generationstypische darstelle. Stolleis spürt, dass Schlink bewusst Fragen offen lässt: „Die unlösbaren Fragen werden in der Schwebe gehalten".

Marion Löhndorf verkennt die Vielschichtigkeit der Sprache. Sie schreibt von der „Simplizität des Stils" und verallgemeinert: „Kurze Sätze, eine lineare Erzählung" seien kennzeichnend. Das stimmt nur zum Teil (vgl. *Interpretationshilfe*, S. 36 ff.). Andererseits sieht Marion Löhndorf sehr richtig, dass es um „Fragen philosophischer Dimension" gehe, eine „intime Introspektion" – ein ganz persönliches In-sich-Hineinsehen – werde geboten. Der Roman frage nach der Entstehung von Schuld und das Verhältnis der 68er-Generation zu ihren Vätern werde angesprochen. Sehr richtig wird Hanna Schmitz eingeschätzt: „Niemals dämonisiert der Erzähler die Geliebte …, noch viel weniger stilisiert er sie zur Sympathiefigur". Wie andere Rezensenten stellt auch Marion Löhndorf fest, dass es um „die Banalität des Bösen in seinem Alltagsgesicht von Eitelkeit und Schwäche" gehe. An das Thema Nationalsozialismus werde sich erinnert, darüber geschrieben und gesprochen „auf eine beeindruckende, nachhaltige Weise".

Einen Verriss stellt die Rezension von Claus-Ulrich Bielefeld dar. Auch er zitiert Hannah Ahrends Bericht über den Eichmann-Prozess in Jerusalem** und erkennt, dass in Schlinks Roman die

Banalität des Bösen thematisiert werde. Aber: „Schlink erzählt eine Geschichte, in der sich das Monströse und das Banale untrennbar mischen". Schlink nutze seine Möglichkeiten nicht, „von der Hölle zu erzählen, die aus der Normalität entsteht". Er finde „dafür keine Sprache. Betulich und umständlich breitet er die Geschichte vor uns aus". Mit Selbstgewissheit werde „über alles hinwegerzählt". Die Erzählung sei „seltsam starr" und „mit geradezu buchhalterischer Attitüde". Zur Begründung seiner Thesen führt Bielefeld zwar Belege aus dem Text an, reißt sie aber aus dem Zusammenhang und wird dem Roman nicht gerecht. Einige Ungenauigkeiten in der Rezension lassen erkennen, dass sich der Rezensent nicht zu tief auf das Verständnis des *Vorlesers* eingelassen hat. Er spricht zum Beispiel vom Glück Michaels, von einer reifen Frau in die Freuden der Liebe eingeführt zu werden, ohne zu berücksichtigen, dass dieser letztlich missbraucht und sein zukünftiges Sexualleben nachhaltig gestört wird.

Auch aus diesem Grund wird Bielefelds Einschätzung des Romans wohl eine Einzelmeinung bleiben. Die offensichtlichen Qualitäten des Buches – die herausragende generationenübergreifende Behandlung des Themas Nationalsozialismus und die beeindruckende sprachliche Gestaltung werden sich sicher langfristig behaupten.

Anmerkungen

* Hier spielt Schlink wohl auf die autobiografischen Aufzeichnungen des Kommandanten des Konzentrationslagers in Auschwitz, Rudolf Höss, an:

  „Im Frühjahr 1942 gingen Hunderte von blühenden Menschen unter den blühenden Obstbäumen des Bauerngehöftes, meist nichtsahnend, in die Gaskammern, in den Tod."

  Aus: MARTIN BROSZAT (Hrsg.): *Kommandant in Auschwitz. Autobiographische Aufzeichnungen des Rudolf Höss.* München: dtv [12]1989, S. 129.

** Der Ausspruch von der „Banalität des Bösen" stammt von der Schriftstellerin Hannah Ahrend. In ihrem Buch *Eichmann in Jerusalem. Ein Bericht von der Banalität des Bösen* (München: Piper 1965) fasst sie ihre Beobachtungen des Kriegsverbrecherprozesses gegen Adolf Eichmann (1906–1962) 1962 in Tel Aviv zusammen. Der Mann, der als Hauptorganisator der Endlösung der Judenfrage für den Tod von mehreren Millionen Juden mitverantwortlich war, erschien Ahrend als kleiner Bürokrat. Er sah allein seine Karriere und berief sich darauf, nur Befehle befolgt zu haben. Sein Auftreten stand in krassem Kontrast zu den Greueln, die er mitverursacht hatte.

Literaturhinweise

Verwendete Buchausgabe:

BERNHARD SCHLINK: *Der Vorleser*. Zürich: Diogenes 1995 (Diogenes Taschenbuch 22953)

Umfangreiche Arbeiten zum *Vorleser* sind noch nicht erschienen. Die folgenden Zeitungsartikel bieten aber ein Übersicht verschiedener Meinungen zu Schlinks *Der Vorleser* (vgl. *Interpretationshilfe*, S. 57 f.).

CLAUS-ULRICH BIELEFELD: „Die Analphabetin". In: *Süddeutsche Zeitung*, 04./05.11.1995

THOMAS KLINGENMAIER: „Eine Liebe in Deutschland". In: *Stuttgarter Zeitung, 22.11.1995*

MARION LÖHNDORF: „Die Banalität des Bösen". In: *Neue Zürcher Zeitung, 28.10.1995*

PETER MOSLER: „Ein Generationen-Vorfall. Ein Buch über den heißen Sommer von '68 – aus der Feder des Krimiautors und Rechtsprofessors Bernhard Schlink ". In: *Frankfurter Rundschau*, 06.01.99

MICHAEL STOLLEIS: „Die Schaffnerin". In: *Frankfurter Allgemeine Zeitung, 09.09.1995*

Ihre Meinung ist uns wichtig!

Ihre Anregungen sind uns immer willkommen.
Bitte informieren Sie uns mit diesem Schein über Ihre
Verbesserungsvorschläge!

Titel-Nr.	Seite	Fehler, Vorschlag

Bitte hier abtrennen

STARK
Damit lernen einfacher wird ... !

9-V1P

Bitte ausfüllen und im frankierten Umschlag
an uns einsenden. Für Fensterkuverts geeignet.

Zutreffendes bitte ankreuzen! Die Absenderin/der Absender ist:

☐ Lehrer/in
☐ Fachbetreuer/in
   Fächer: _____
☐ Seminarlehrer/in
   Fächer: _____
☐ Regierungsfachberater/in
   Fächer: _____
☐ Oberstufenbetreuer/in
☐ Schulleiter/in

☐ Leiter/in Lehrerbibliothek
☐ Leiter/in Schülerbibliothek
☐ Referendar/in, Termin 2. Staats-
   examen: _____
☐ Sekretariat
☐ Schüler/in, Klasse: _____
☐ Eltern
☐ Sonstiges: _____

STARK Verlag
Postfach 1852
85318 Freising

Kennen Sie Ihre Kundennummer?
Bitte hier eintragen.

Absender (Bitte in Druckbuchstaben!)

Name/Vorname

Straße/Nr.

PLZ/Ort

Telefon privat   Geburtsjahr

Schule/Schulstempel (Bitte immer angeben!)

Unterrichtsfächer: (Bei Lehrkräften!)

Bitte hier abtrennen

STARK Interpretations-hilfen und Trainingsbände

▶ **für die Oberstufe**

Deutsch Interpretationen

Deutsch – Interpretationshilfen 1
Goethe: *Faust, Iphigenie;* Schiller: *Maria Stuart, Wallenstein, Don Carlos;* Tieck: *Der blonde Eckbert;* E.T.A. Hoffmann: *Der goldne Topf;* Kleist: *Michael Kohlhaas, Prinz Friedrich von Homburg;* Eichendorff: *Aus dem Leben eines Taugenichts;* Büchner: *Woyzeck, Lenz;* Mörike: *Mozart auf der Reise nach Prag;* Fontane: *Effi Briest, Frau Jenny Treibel;* Hebbel: *Maria Magdalena;* Hauptmann: *Rose Bernd, Bahnwärter Thiel* ..... **Best.-Nr. 94407**

NEU: Deutsch – Interpretationshilfen 2
Aus dem Inhalt: Trakl: *Grodek;* Benn: *Mann und Frau gehen durch die Krebsbaracke;* Döblin: *Berlin Alexanderplatz;* Kästner: *Sachliche Romanze;* Rilke: *Der Panther;* Brecht: *Der gute Mensch von Sezuan;* Horváth: *Geschichten aus dem Wiener Wald;* Kafka: *Der Prozeß, Die Verwandlung;* H. Mann: *Der Untertan;* Th. Mann: *Der Tod in Venedig, Bekenntnisse des Hochstaplers Felix Krull;* Musil: *Die Verwirrung des Zöglings Törleß;* Seghers: *Das siebte Kreuz;* Enzensberger: *Fremder Garten;* Bachmann: *Reklame;* Böll: *Die verlorene Ehre der Katharina Blum;* Dürrenmatt: *Die Physiker;* Frisch: *Homo faber;* Grass: *Die Blechtrommel;* Walser: *Ein fliehendes Pferd;* Weiss: *Verfolgung und Ermordung Jean Paul Marats;* Brecht: *Böser Morgen;* Biermann: *Und als wir ans Ufer kamen;* Wolf: *Kassandra* .... **Best.-Nr. 94408**

Interpretationshilfen zu Einzellektüren:

Hein: Der fremde Freund/Drachenblut .... **Best.-Nr. 2400061**
NEU: Schlink: Der Vorleser .... **Best.-Nr. 2400101**
NEU: Schneider: Schlafes Bruder .... **Best.-Nr. 2400021**
NEU: Eichendorff: Aus dem Leben eines Taugenichts .... **Best.-Nr. 2400071**
NEU: Lessing: Nathan der Weise .... **Best.-Nr. 2400501**
NEU: Kafka Die Verwandlung, Das Urteil ..**Best.-Nr. 2400141**
NEU: Frisch: Homo Faber .... **Best.-Nr. 2400031**

Ratgeber für Schüler

NEU: Richtig Lernen Tipps und Lernstrategien für die Oberstufe .... **Best.-Nr. 10483**
NEU: Referate und Facharbeiten für die Oberstufe .... **Best.-Nr. 10484**

Deutsch Training

Deutsch 1 – gk/LK .... **Best.-Nr. 94401**
Deutsch 2 – gk/LK .... **Best.-Nr. 94402**
Deutsch 3 – gk/LK .... **Best.-Nr. 94403**
Aufsatz Oberstufe .... **Best.-Nr. 84401**
Deutsch Training – 11. Klasse ...**Best.-Nr. 90405**
Abitur-Wissen Dt. Literaturgeschichte – gk/LK Best.-Nr. 94405
NEU: Abitur-Wissen Lyrik, Drama, Epik – gk/LK ....**Best.-Nr. 944061**
NEU: Abitur-Wissen Prüfungswissen Oberstufe – gk/LK .... **Best.-Nr. 94400**

Englisch Interpretationen

Englisch – Interpretationshilfen 1
Orwell: *Animal Farm;* Townsend: *Adrian Mole;* Shute: *On the Beach;* Waterhouse: *Billy Liar;* Russell: *Blood Brothers;* J. B. Priestley: *An Inspector Calls;* Steinbeck: *The Pearl;* Moore: *Lies of Silence* .... **Best.-Nr. 82455**

Englisch – Interpretationshilfen 2
Bradbury: *Fahrenheit 451;* Miller: *Death of a Salesman;* Golding: *Lord of the Flies;* Huxley: *Brave New World;* Orwell: *1984;* Shakespeare: *Macbeth;* Greene: *The Power and the Glory;* Hemingway: *The Old Man and the Sea* .... **Best.-Nr. 82456**

Interpretationshilfen zu Einzellektüren:

Shakespeare: Macbeth .... **Best.-Nr. 2500011**
Shakespeare: Romeo and Juliet .... **Best.-Nr. 2500041**
NEU: Twain: Huckleberry Finn .... **Best.-Nr. 2500021**
NEU: Golding: Lord of the Flies ...... **Best.-Nr. 2500051**
NEU: Lodge: Changing Places ....**Best.-Nr. 2500091**

(Bitte blättern Sie um)